CONNECT POWER

커넥트 파워

초연결 세상은 비즈니스 판도를 어떻게 바꾸는가?

박명규·이재열·한준·이원재·강정한·임이숙 지음

CONNECT POWER

포르*세

저자의 말 |

디지털 문명전환기, 성공적 비즈니스를 위해
무엇이 필요한가

이 책《커넥트 파워》는 국내 최고의 사회학자들이 지난 1년 간 CSES(Center for Social value Enhancement Studies, 사회적가치연구원)에서, 모든 경제 행위자가 경제적 가치와 사회적 가치를 동시에 추구하는 세상을 만들고자 미래 사회의 가장 중요하고도 필요한 담론에 관해 고뇌한 집단지성의 결과다.

초연결 사회의 도래는 심대한 문명적 도전이다. 그 미래가 유토피아일지 디스토피아일지는 이 도전에 대한 응전 방식과 역량이 좌우한다. 기술혁신에 따르는 새로운 기회를 놓치지 않으면서도 디지털 아노미와 불평등의 심화를 극복할 대응 역량이 갖추어질 때에야 지속 가능한 발전이 가능하다. 이를 위해서는 디지털화로 가능해진 빅데이터, 인공지능, 플랫폼의 기회공간을 적극적으로 활용할 능력과 함께 협력, 환경, 공감, 공유, 책임의 사회적 가치를 강화하는 것이 무엇보다 중요하다. 이 두 역량의 시너지가 21세기의 개인, 기업, 조직, 국가의 향방을 결정하는 '커넥트 파워'를 형성할 것이다.

_ **박명규**(서울대학교 사회학과 교수)

초연결, 빅데이터, 플랫폼, 인공지능이 결합해 나타나는 디지털 경제 시대는 한계효용과 거래 비용이 제로가 되면 과거 익숙했던 위계 조직과 계획적 통제와는 전혀 다른 '조직 없는 조직화'를 가능하게 할 것이다. 따라서 경계를 무너뜨리는 열린 시스템이 무한 확장되는 시대에 어떻게 이해 당사자와 사회가 공감할 수 있는 가치를 제시하고 실현해 소셜 임팩트를 극대화할 수 있을지가 미래 기업 성공의 관건이 될 것이다.

_ **이재열**(서울대학교 사회학과 교수)

새롭게 등장하는 네트워크 사회는 20세기의 조직 사회를 대체하고 개인과 조직의 비대칭을 현격히 줄이는 한편 개인의 활동 범위를 넓히고 자율성을 높일 것이다. 네트워크 중심 플랫폼 경제에서 기업 조직의 경계는 더욱 유동적이고 유연해질 것이다. 조직의 유동성과 유연성은 노동 형태에 있어 '인싸'와 '아싸'를 만들어 내며 양극화에 대한 우려를 높인다.

_ **한준**(연세대학교 사회학과 교수)

오늘날 새로운 기술 플랫폼들이 세계 시장을 급속히 재편하는 것을 바라보면서 우리는 새로운 산업혁명을 떠올린다. 그러나 역사에 완벽한 새로움이란 없다. 오히려 급격한 변화일수록 그 역사적 뿌리가 깊다.

과학기술은 자연으로부터 인간을 분리해 왔다. 그리고 과학기술과 산업이 본격적으로 결합하자 생산과 교환, 소유와 경영, 구상과 실행의 분리가 나타났다. 21세기 과학기술은 이 같은 분리의 역사를 더 밀어붙이고 있다. 초연결 데이터 기반 인공지능 플랫폼은 인간을 문명으로부터 분리할 것이다. 조직, 도시, 나아가 미래를 계획하는 능력에서도 인간 스스로 분리될 기로에 서 있다. 이 분리의 미래가 인간의 해방적 자유일지, 소수를 제외한 다수의 예속적 소외일지는 변화의 시작점에 있는 현재의 인간, 즉 지금 우리의 선택에 달려 있다.

_ **이원재**(카이스트 문화기술대학원 교수)

초연결 사회에서 데이터를 생산하는 노동은 어느 때보다 사회적이며 그렇게 생산된 데이터는 공공재적 성격이 강하다. 불특정 다수의 개인이 생산한 데이터가 조직에서 자본으로 활용되는 데이터 경제가 지속 가능하려면, 조직은 필연적으로 사회적 가치를 창출해야 한다. 이러한 요구는 플랫폼화의 범위가 사용자의 소통, 데이터의 유통, 노동 조직 방식으로 확대될수록 더욱 분명해질 것이다. 그리고 사회적 가치 창출 요구에 부응하기 위해 조직이 갖춰야 할 조건으로는 가치 소비를 선순환적으로 학습하는 데이터 축적하기, 그에 따른 에너지 효율성 달성하기, 시민사회의 디지털 감사에 응하기 등이 있다.

_ **강정한**(연세대학교 사회학과 교수)

기술 발전으로 창업의 진입 장벽이 획기적으로 낮아졌다. 메이커 무브먼트, 메이커 스페이스와 크라우드 펀딩의 활성화가 보여 주듯 사용자가 소비자에 국한되지 않고 생산자, 투자자가 되는 시대가 오고 있다. 사용자 주도의 경제에서는 더 많은 사람이 경제적 주체가 되고 공유, 공생, 지속 가능성 같은 사회적 가치가 더욱더 중요해질 것이다.

_ **임이숙**(한양대학교 경상대학 경영학부 교수)

차례

1장 ┃ 이미 혁명은 시작되었다

2장 ┃ 미래, 어떤 세상이 펼쳐질까

3장 | 조직의 미래 전략, 커넥트 파워

CONNECT POWER

공상인 듯 공상 아닌,
공상 같은 현실이 시작됐다

"전화 통화도 걸어 다니면서 하고….."

"안 무거울까?"

"작은 게 나오겠지. 아! 컴퓨터도 막 들고 다닐 거야. 거기서 편지도 쓰고 라디오도 보고….."

"또 소설을 쓰십니다. 왜? 미래엔 물도 사 먹는다고 하지 그러냐?"

"물을 미쳤다고 사 먹냐?"

"미래에는 진화기로 사진 찍고 텔레비전도 나오고 그런대."

2011년에 개봉된 영화 〈써니〉에서는 중년의 주인공들이 여고 시절 추억을 소환하면서 1986년의 풍경이 그려진다. 요즘엔 너무나 당연하게 여기는 스마트폰, 생수, 노트북 등도 당시엔 얼마나 생소했던지, 현실과 동떨어진 소설에나 나오는 이야기로 들리고 말도 안 되는 헛소리로 여겨질 뿐이었다.

불안한 편리함의 시대가 온다

때론 진실이 허구보다 더 비상식적으로 여겨질 때가 있다. 닐스 보어Niels Bohr가 21세기 기술 혁명의 기초가 된 양자역학 모델을 제시한 뒤 코펜하겐 회의에서 지지를 얻었음에도, 천재 물리학자 아인슈타인Albert Einstein은 이 이론을 받아들이려 하지 않았다. 진실을 앞에 두고도 공상인 듯 공상 아닌, 공상 같은 현실에 선뜻 고개를 끄덕일 수 없었던 것이다.

21세기 사회도 그에 버금갈 정도로 혁명적 변동을 겪고 있다. 영화 〈써니〉가 세상에 나오고 8년이 흐른 지금, 우리는 영화에서조차 미처 예상하지 못했던 더 놀라운 세상과 만나며 그 편리함과 유용함에 감탄하고 있다. 언제 어디서든 세계 전역에서 판매되는 물품을 구입하고 금융거래 하며 온갖 지식과 정보를 소유한다. 굳이 바쁜 시간을 쪼개 먼 길을 이동해서 친구와 가족을 만나지 않는다. 직접 얼굴을 맞대고 대화할 필요 없이 인터넷과 SNS로 안부를 묻고 감정을 나눈다. 더군다나 이 모든 것은 손가락 한두 개와 몇 번의 터치로 눈 깜짝할 사이에 이루어진다.

어디 그뿐일까. 사람들의 일상을 거대한 데이터 자원으로 활용하는 구글, 아마존, 페이스북, 애플은 나보다 내 취향과 관심을 더 잘 알고 각종 상품과 정보를 수시로 보내온다. 엄청난 정보처리 능력에 자동 학습 능력까지 지닌 로봇은 산업 현장의 제조 라인을 넘어 은퇴자의 노후를 돕는 도우미와 어린아이의 학습 교사가 되고 있다. 전 세계의 사물, 사람, 정보가 손끝으로 연결되는 현실은 공상과학 영화와 구별되지 않을 정도다. 이 모든 일이 혁신적인 정보 통신의 발달로 인해 비롯되었다.

앞서 말한 미처 다 열거하지 못한 놀라운 변화에 대해 우리는 두 가지 모순된 감정을 동시에 느낀다. 바로 편리함과 불안함이다. 할 일을 알려 주고 지나간 기억을 보관해 주며 건강 체크까지 도와주는 스마트폰은 기계문명이 선사한 편리함의 아이콘이다. 사교, 연락, 거래, 오락, 정보 취득 등 우리가 필요로 하는 거의 대부분의 기능을 시공간의 제약을 뛰어넘어 충족시켜 준다. 뿐만 아니다. 만난 적도 없는 지구촌 사람들과 사건에 연결되고 엄청난 정보와 지식이 무제한 활용되고 공유된다. 낯선 곳에서도 네비게이션은 우리를 안전한 곳으로 안내하며 정확한 위치를 알려 준다. 이 얼마나 편리한 일인가!

그렇다면 편리함 이면에 있는 불안함은 도대체 무엇일까? 사람들은 스마트폰에 많은 정보를 기록하는 대신 더 이상 머릿속에 담아두지 않는다. 덕분에 친구의 전화번호는 물론 자신의 집주소도 기억하지 못한다. 이 기계를 잃어버리면 모든 추억, 정보, 계획, 연결망을 상실할 수 있다. 비밀번호를 기억하지 못하면 기차표 예약도 어렵고 내가 누구인지 증명하는 일조차 어렵다. 게다가 네모난 세상의 내부가 타인에게 보여지는 순간, 숨기고 싶은 프라이버시가 여지없이 공개되어 주위로부터 비난을 받거나 심지어 처벌을 당할 수도 있다. 모든 사적 정보가 끊임없이 기록되는 시대, 실수나 잘못도 삭제되지 않는 상황에 대한 불안감을 모두가 공유한다.

개인만의 일이 아니다. 조직과 단체, 기업과 정부도 이런 기술혁신이 가져올 결과가 어떠할지 확신하지 못한다. 인공지능, 사물인터넷, 빅데이터, 3D 프린터 등은 업무를 효율화하고 혁신적 경영전략을 짜는 데 무척 유용하고 편리하다. 하지만 이러한 변화가 가져올 불안감 또한 만만치 않다. 기업은 지금까지의 경영 방식이 언제까지 유용할지, 언제 새로운 경쟁자가 나타날지, 생태계의 변화가 어떻게 진행될지와 같은 새로운 불안에 직면해 있다.

편리한 정보 소통으로 시민들과의 교감을 넓히고 있는 정부기관 역시 그 기술 효과로 인한 관료적 통제력의 약화와 예상치 못한 사회적 갈등에 당혹해한다. 사람의 손을 필요로 하지 않는 스마트 공장은 고도로 효율적이지만 일자리 감소에 대한 염려에서 자유로울 수 없다. 취업하려는 젊은이와 안정을 원하는 중년, 은퇴한 뒤 새 일감을 찾으려는 노인들에게 기술혁신이 가져올 결과는 각각 다르고 불안의 성격 역시 같을 수 없다. 당연시되어 온 사회적 관계나 신뢰의 틀도 언제 냉랭한 데이터로 변할지 모른다.

이런 '불안한 편리함'은 불확실성을 높인다. 기존의 규칙으로는 예측하기 힘든 일이 사회 곳곳에서 벌어지는 것이다. 실제로 기술 문명의 확산과 함께 조직 활동, 사회적 관계, 가치 지향 등 삶의 모든 부문에서 불확실한 의외성이 확대되고 있다. 세계 자본주의의 한복판인 뉴욕에서 '월가를 점령하라 Occupy Wall Street'는 대규모 시위가 벌어지고, 세계 최고 권위의 노벨 문학상이 미투 운동의 여파로 심사조차 하지 못했다. 오랜 권위를 자랑하는 언론 매체의 기획 기사보다 불특정인의 유튜브 방송과 SNS상의 정보 공유가 막강한 커넥트 파워를 만들어 낸다. 독특한 개성의 유튜버를 일약 잘 나가는 1인 비즈니스 인플루언서로 만들어 주는 커넥트 파워가 부와 명예를 일군 스타를 일순간에 몰락시키기도 한다.

4차 산업혁명 그리고 새로운 미래

세계경제포럼의 창시자이자 회장인 클라우스 슈밥Klaus Schwab은 인공지능, 로봇공학, 사물인터넷, 자율 주행 자동차, 나노 기술, 생명공학 등이 이끌 비약적인 발전, 융합과 혁신을 '4차 산업혁명'이라는 말로 개념화했다. 3차 산업혁명의 핵심이었던 반도체, 컴퓨터 하드웨어와 소프트웨어, 인터넷 등과는 질적으로 구별될 뿐 아니라, 인공지능과 딥 러닝에 기초하여 물리학, 생물학, 디지털이 융합하는 총체적 혁신 그 자체다.

4차 산업혁명이라는 화두는 2016년 다보스 포럼에서 언급된 이래 현실을 설명하는 가장 중요한 단어가 되었다. 기술에 기초한 융·복합화와 그 다층적 효과가 주로 언급되는데, 실례로 현재 우리 사회는 전통적인 업종 구분, 생산과 유통 및 소비의 연계 방식이 크게 바뀌는 산업구조상의 혁명적 변화가 진행 중이다. 기업은 내외부의 경계가 약해지고 열린 네트워크가 안팎으로 확대되고 있으며 플랫폼 경제가 빠르게 성장하고 있다. 공장은 인공지능을 탑재한 똑똑한 기계의 활약으로 생산 과정이 더욱 스마트해지고 마케팅과 문화, 엔터테인먼트가 결합하고 있다.

직업의 형태에도 큰 변화가 초래되었다. 그간 그들만의 철옹성을 굳건히 쌓아 왔던 전문직이 인공지능 및 소프트웨어의 위협을 받고 단순 노동 일자리 역시 기계로 대체되고 있다. 공유 인프라의 중요성이 커지고 R&D 클러스터R&D Cluster나 문화예술 복합 공간이 확장되면서 스마트 시티가 새로운 관심사로 떠오르는 중이다. 가상현실과 증강 현실을 재현하는 기술혁신이 빠르게 이루어지면서 노동과 휴식, 삶과 게임의 영역이 파괴되고 인간과 사물의 연관 방식도 재구성될 것이다.

그렇다면 이 거대한 변화는 4차 산업혁명의 미래를 어디로 이끌까? 여러 분야의 전문가들이 끊임없이 노력하는 데도 아직 정확하게 예측하기 어렵다. 상황을 제대로 파악하고 변화의 결과를 예측하기엔 과학기술의 발전이 가져온 혁신의 속도가 너무 급격하다. 저명한 공상과학 소설가이자 화학자인 아이작 애시모브Isaac Asimov의 지적처럼 사회가 획득하는 지혜보다 과학이 얻는 지식이 압도적으로 빠른 탓이다.

미래의 불확실성은 그에 따른 긴장과 갈등도 동반한다. 예측할 수 없으니 적절한 준비와 대응도 어렵다. 4차 산업혁명의 전도사라 할 슈밥도 과학기술의 전면적 진보를 감당할 리더십, 이해력, 협력체계가 현저히 부족함을 걱정한다. 오늘날 많은 국가들이 기술혁신의 중요성을 강조하고 있지만 대부분 경제성장과 업무 효율화에 미치는 긍정적 효과만 주목할 뿐이다. 그로 인해 초래될 일자리의 감소, 위험과 재난의 증대, 불평등의 심화, 도덕성의 파괴, 빅브라더에 의한 감시와 같은 부정적 효과는 주의 깊게 살피지 않는다.

변화를 긍정적으로 받아들이는 것은 좋지만 무조건적인 낙관론은 경계해야 한다. 어떤 변화든 기회와 위기를 동시에 가져온다. 더군다나 혁신이라는 수식어를 붙일 만큼의 매우 큰 변화는 큰 기회 못지않게 치명적인 위기를 품고 있을 수 있다. 그러니 예측과 준비는 반드시 필요하다.

1장

이미 혁명은
시작되었다

우리는 지금,
따로 또 같이를 즐긴다

───────────────◇───────────────

온라인과 오프라인의 구분이 무의미해지며 달라지는 사람들의 행동 양식을 온라이프
화라고 한다. 그들은 혼자를 선호하지만 그것은 단절이나 고립이 아니다. 오히려 그들
은 소통을 원한다. 이렇듯 21세기 초연결 사회에서 '나 혼자의 삶'은 대부분 디지털로
매개되는 접속을 전제로 한다.

친구나 연인과 함께 음료를 마시며 대화하는 장소로만 알아
왔던 카페에 홀로 노트북을 든 사람들이 등장했을 때 우리는
호기심 가득한 눈길로 그들을 바라보았다. 그러나 불과 몇 년
지나지 않아 그들은 카공족(카페에서 공부하는 사람들)과 코피스
족(카페에서 문서 업무를 보는 사람들)이란 이름으로 여느 카페에
서나 마주치는 흔한 풍경이 되었다. 정보 통신 기술ICT의 발달
로 인해 집이나 사무실, 도서관 같은 공간의 제약이 약해지면
서 어디서든 업무를 처리할 수 있게 된 덕분이다.

이러한 발달은 업무 공간의 경계만 허문 것이 아니다. 텔레

비전을 보다가 부모님께 용돈을 송금해 드리고, 침대에 누워 쇼핑을 하기도 한다. 혼자 밥 먹으면서도 수십 명의 친구와 수다를 떨고, 가족과 휴가를 즐기면서도 와인 동호회 회원의 랜선 집들이에 참여하기도 한다. 혼자지만 혼자가 아닌, 나 혼자면서 함께를 즐기며, 시간과 공간의 경계가 사라진 일상을 열어 주었다.

온라인과 오프라인을 결합한 새로운 일상

온라인과 오프라인의 구분이 무의미해지면서 긴밀하게 결합되는 현상을 두고 이탈리아 철학자 루치아노 플로리디Luciano Floridi는 온라이프Onlife라고 표현한다. 그리고 미래학자 바이난트 용건Wijnand Jongen은 이 개념을 활용하여 디지털화로 달라지는 사람들의 행동 양식을 온라이프화라고 설명한다.

온라이프화가 진행되면 우리의 삶은 로봇, 인공지능, 가상 환경 등과 더욱 밀접하게 연결되고, 온·오프 라인의 경계가 무너지는 일상이 보편화된다. 특히 일과 삶의 연결 방식이 변화되어 노동시간과 휴식 시간, 가정과 직장, 공적 업무와 사적 업무의 이분법적인 구분이 아무 의미가 없어질 것이다. 집이든 길이든, 낮이든 밤이든 우리는 접속하고 또 접속되며 그 속에서 일과 놀이와 생활이 연계되기 때문이다.

온라이프화는 업무와 일상의 경계뿐만 아니라 사람과 사람의 관계를 해석할 때도 큰 영향을 미친다. SNS가 매개하는 온라인 네트워크로 인해 사람들은 굳이 다른 사람들과 오프라인에서 직접 얼굴을 마주하며 만날 필요를 느끼지 못한다. 게다가 온라인 네트워크를 통한 사람들과의 관계도 필요에 따라 On과 Off를 자유자재로 선택한다.

특히 근래에는 장기간의 경기 침체, 고용 불안 등으로 미래에 대한 불안감이 커지자 나의 행복을 가장 중요하게 생각하며 현재를 즐기는 욜로You Only Live Once 라이프를 선호하는 사람들이 늘었다. '나'를 내 삶의 중심에 놓은 이들은 사회나 경제 등의 환경요소와 맞물려 혼밥, 혼술, 혼영, 혼여 등 나 혼자의 삶을 즐기기도 하고, 1인 비즈니스와 1인 마케팅처럼 직원 없이 혼자 씩씩하게 사업도 꾸려 간다.

혼자를 선호하지만 그들이 진정 원하는 것은 단절이나 고립이 아니다. 오히려 그들은 소통을 원한다. 혼자 식사하고 영화 보고 여행하면서도 글 쓰고 사진 찍어 SNS에 올리는 등 끊임없이 타인과의 연결을 시도한다. 이렇듯 21세기 초연결 사회에서 나 혼자의 삶은 대부분 디지털로 매개되는 접속을 전제로 한다. 혼자를 즐기지만 언제 어디서든 필요할 때 디지털 세상에 접속하여 교류하는 삶이다. 시간과 공간을 뛰어넘는 초연결성이 보장되니 사람들은 '나 혼자'와 '함께'의 이중생활을 동시에 즐길 수 있다.

온라이프화는 이렇듯 디지털화된 개인주의와 사회적 네트

워크를 결합하기도 한다. 거대한 촛불 시위를 만든 주체도 다수의 개인이며, 수많은 취향 공동체 역시 독특한 개성을 지닌 개개인이 모여서 형성된다. 또 개인의 판단과 비판이 하나로 똘똘 뭉쳐 정권을 바꾸는 사례처럼 직접 민주주의의 실현을 돕기도 하고, 특정 기업의 불매운동을 통해 소비자주권을 실현하기도 한다.

뿐만 아니다. 한국의 강원도에서 제작되던 구식의 호미가 아마존에서 진귀한 상품으로 대박 난 것처럼 온라이프화는 개성적인 것의 수요를 창출하는 기능도 수행한다. 그런가 하면 한류 아이돌 방탄소년단이 전지구적 인기를 얻는 데서 보듯 문화적 혼성과 열린 개방성, 열정적 팬덤이 합류하여 새로운 공감 문화를 창조하는 역동성을 보이기도 한다. 이처럼 온라이프화는 초연결성을 일상화함으로써 사람들을 훨씬 더 개성 넘치게 해 주고, 동시에 타인과 연대하고 협동하는 존재로 만들어 준다.

온라이프화는 이미 낯익은 현실이다. 짧은 시간에 전 세계인의 필수품이 되어 버린 스마트폰은 온·오프 라인을 결합해 온라이프화를 정착시키는 일등 공신이었다. 선진국과 후진국을 막론하고 또 남녀노소나 직종을 불문하고 모든 이의 일상은 이제 스마트폰을 떠나서 생각하기 어렵다. 카카오톡과 대화방은 오랜 이웃 관계나 친구 사이를 대체하고, 국경을 넘어 정보가 공유되며 정서와 의견이 한데 모인다. 사진과 영상을 찍고 올리는 일이 일상화되고 인터넷을 이용한 소비 및 금융거래도 더욱 활발해지고 있다.

한편 온라이프화는 생산과 소비, 정보와 엔터테인먼트가 융합되는 산업적인 변화도 수반한다. 모두가 구매자이면서 판매자가 될 수 있고, 가진 것을 공유하는 협력적 소비의 당사자가 될 수 있다. 실제로 기술혁신 덕분에 제공되는 다양한 플랫폼이 진입 장벽을 현저히 낮춤으로써 한계비용은 거의 제로에 가까워졌다. 그만큼 협력적 소비를 축으로 하는 새로운 생태계가 나타날 조건도 커진다. 이런 협력과 공유의 확산은 환경문제 해결과 지속 가능성에 대한 인류적 관심을 확산시킨다. 더불어 경제활동의 여러 차원이 개인의 일상과 깊이 결합하면서 생산, 소비, 폐기, 재생이 선순환 구조를 이루는 생태형 환경협력 모델을 실현하는 변화도 나타나고 있다.

모든 것을 더 싸게 만드는
기술혁신

---○---

자본주의 사회에서 기업은 더 좋은 제품을 더 싼 가격에 사고 싶어 하는 소비자의 본능적인 니즈를 충족시켜 주고, 기업의 본질인 이윤 추구에 충실하기 위해 경제적 비용 감소라는 과제를 꾸준히 수행 중이다.

19세기 이후 인류는 세 차례의 혁신적인 기술 발전을 통해 혁명 같은 변화를 겪었다. 그리고 현재 네 번째 혁명의 파고를 넘으며 기술 발전이 이끄는 새로운 미래로 향하고 있다. 그로 인한 긍정적인 결과 중 하나가 경제적 비용 절감이다. 경제는 생산, 소비, 거래, 분배 과정에서 끊임없이 비용 대비 효용을 높이고자 노력한다. 즉 최소한의 자본으로 최대의 효과를 창출하려는 것이다. 인류는 세 차례에 걸친 산업혁명을 지나오며 경제적 비용 절감 효과를 거뒀다. 지금도 4차 산업혁명의 시간 속에서 어마어마한 비용을 절감하고 있다.

기업은 왜 생겨났는가

근대 자본주의 시장경제에서 경제적 비용은 크게 생산 비용과 거래 비용으로 나뉜다. 그중 생산 비용은 제품이나 서비스의 생산과정에서 들어가는 인적·물적·조직적 비용을 뜻한다. 인적 비용에는 임금을 비롯해 인력의 교육 및 훈련을 위한 비용, 인력의 후생과 복지를 위한 비용이 포함된다. 물적 비용에는 제품의 원재료 구입, 생산과정에 이용되는 기계 장치 구입과 유지 및 보수 등에 들어가는 비용이 모두 해당된다. 그리고 조직적 비용은 건물 등 설비 비용, 조직 운영 비용 등 생산을 위한 조직 유지에 드는 다양한 비용을 말한다.

거래 비용은 생산 비용과 달리 생산자가 생산요소의 구입 및 생산물의 판매를 위해 시장에서 거래할 때 발생하는 비용을 의미한다. 영국의 경제학자 로널드 코스Ronald Coase는 기업이 존재하는 이유는 이러한 거래 비용을 줄이기 위함이라고 주장했다. 즉 생산자가 시장에서 정보를 얻고 계약 상대방을 찾고, 가격 및 계약 조건을 협상하고 계약이 잘 이행되는지 감시하는 등 거래를 위한 모든 활동에 드는 비용을 계산하면 차라리 기업을 설립하는 것이 더 이익이라는 것이다.

거래에 필요한 충분한 정보를 시장에서 자유롭게 얻을 수 있고 거래 상대방의 신용도가 아주 높다면, 거래 비용이 그다지 높지 않겠지만 현실은 내 마음 같지 않다. 판매자와 구매자 간에 존재하는 정보 불균형은 물론이고, 거래 상대방이 자신의 이익을 위해 고의로 혹은 상황이 여의치 않아 신의를 지키지 못하는 경우도 있다. 이러한 상대방에 대한 정보 부족, 경쟁 과정의 불완전성이 비용 발생의 원인이 된다.

게다가 최근에는 거래 비용의 의미가 더욱 확장되었다. 시장 거래 비용 외에 관리 거래 비용, 정치 거래 비용까지 포함된다. 관리 거래 비용이 기업 조직의 운영과 관련된 비용, 즉 조직 관리에 필요한 명령을 내릴 권리를 행사하는 데 드는 비용이라면, 정치 거래 비용은 사회 제도적 틀을 확립하고 유지하는 사회적 행동과 관련된 비용을 뜻한다.

기술이 발달할수록 생산 비용은 떨어진다

자본주의 사회에서 기업은 더 좋은 제품을 더 싼 가격에 사고 싶어 하는 소비자의 본능적인 니즈를 충족시켜 주고, 기업의 본질인 이윤 추구에 충실하기 위해 경제적 비용 감소라는 과제를 꾸준히 수행 중이다. 특히 대부분의 기업이 기술 발달을 통한 생산성 향상에 초점을 두며 생산 비용을 절감하기 위해 애쓰고 있다.

18세기 중엽 영국에서는 증기기관이 처음으로 공장에 도입되면서 생산량이 급격히 늘어났다. 이를 통해 농업 중심 사회가 공업 중심 사회로 바뀌고, 인간의 노동력에 전적으로 의존했던 기존의 수공업이 공장제 기계공업으로 빠르게 전환되었다. 무엇이든 사람의 손을 통해 만들어지던 이전과 달리 기계를 활용해 훨씬 빠르고 수월하게 더 정교한 제품이 생산되기 시작한 것이다. 훗날 인류는 이 변화를 역사에 '1차 산업혁명'이라고 기록했다.

혁신적인 기술 발달과 그에 따른 급격한 산업 변화는 이후로도 계속되었다. 전기와 컨베이어 시스템으로 대량생산이 가능해진 2차 산업혁명 그리고 인터넷, 정보화, 자동화로 요약되는 3차 산업혁명을 거쳐 현재는 인공지능, 빅데이터, 사물인터넷, 로봇 등으로 상징되는 4차 산업혁명의 시간을 지나고 있다. 모든 산업은 이러한 혁명적 변화를 겪으며 생산성이 어마어마하게 향상되었다.

증기기관의 도입으로 공장제 기계공업으로 전환되긴 했지만 1차 산업혁명 시기엔 소품종, 소량 생산만 할 수 있었다. 그에 비해 2차 산업혁명은 소품종이지만 대량생산이 가능해졌고 생산 비용 역시 감소했다. 전기 보급과 컨베이어 벨트를 이용한 일관 작업 공정 도입으로 규모의 경제가 가능해졌기 때문이다. 1908년 도입된 포드 자동차의 모델 T 생산에 1913년 컨베이어 벨트가 사용되면서 생산성의 비약적 성장이 일어났고 자동차 비용 역시 크게 줄어들었다. 생산 비용의 감소는 판매 가격에도 영향을 미쳤다. 자동차 개발에 투입된 막대한 초기 비용이 대량생산된 자동차 가격에 분산되어 추가 비용 절감이 가능해졌고 판매 가격도 덩달아 낮아졌다. 덕분에 부자들의 전유물처럼 여겨지던 자동차를 다수의 중산층 소비자들도 구입할 수 있게 되었다.

20세기에서 21세기로 넘어오면서 기술 발전의 초점은 정보 통신 산업으로 바뀌었다. 1965년 인텔의 공동 창업자였던 고든 무어Gordon Moore는 정보 통신 산업의 기초가 되는 반도체의 생산성 향상과 생산 비용 절감에 대해 "앞으로 반도체 칩에 내장된 트랜지스터 수가 18개월마다 2배씩 증가할 것이다."라는 엄청난 예측을 했다. 이는 이후에 실제로 실현되어 '무어의 법칙'으로 불리게 되었다. 오른편 위의 도표는 최근까지 반도체의 성능이 무어의 예측대로 빠르게 향상되었음을 보여 준다. 또한 오른편 아래의 도표는 반도체 가격이 성능 대비 지속적으로 하락해 온 과정을 보여 준다.

기술의 발달이 시장의 효율성을 높인다

기술 발전은 생산 비용뿐 아니라 거래 비용 또한 감소시켰다. 본래 거래 비용 감소를 야기한 주된 요인은 기술보다는 제도였다. 경제학자이자 대학교수인 올리버 윌리엄슨Oliver Williamson은 거래 비용을 줄이기 위해 제도적 변화를 시도한 대표적인 예로 내부노동시장과 수직적 통합을 들었다.

훌륭한 직원은 인적 자본이라는 말이 있을 정도로 기업에 있어 최고로 귀한 자본이다. 그런데 자본을 계속해서 외부노

반도체 성능 향상의 가속도 과정

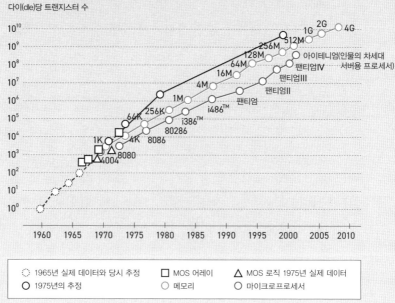

다이(die)당 트랜지스터 수

⊙ 1965년 실제 데이터와 당시 추정	□ MOS 어레이 △ MOS 로직 1975년 실제 데이터
○ 1975년의 추정	○ 메모리 ○ 마이크로프로세서

출처: 인텔

성능 대비 반도체 가격 하락 추세

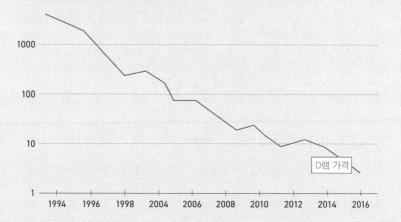

D램 가격

동시장에서 구해야 한다면 기업은 많은 거래 비용을 감수해야 한다. 해당 업무에 적합한 사람을 찾고 구하는 데도 비용이 발생하지만 정작 그렇게 구한 노동자에게 매번 의욕을 고취하고 충성심과 협조를 이끄는 데도 적지 않은 노력이 필요하다. 게다가 업무 숙련도 또한 불확실해서 교육비 및 리스크 발생도 고려해야 한다.

윌리엄슨은 이런 외부 시장의 높은 비용 발생의 대안으로 내부노동시장을 조언한다. 노동자들에게 장기 고용과 승진, 임금 인상이라는 당근을 주고 그들의 자발적인 협조와 충성을 얻으라는 것이다. 게다가 직장 내 교육과 훈련을 통해 업무 숙련도를 높이면 그 효과가 사라지거나 줄어들지 않고 지속적인 축적이 가능해 기업의 발전에 기여할 수도 있다. 물론 근로자의 입장에서도 안정된 고용과 점점 더 쌓여 가는 업무 숙련도 덕분에 승진이나 승급을 기대할 수 있을 것이다.

한편 기업은 부품이나 원료 등을 시장에서 구매할 경우 제품에 관한 명확한 정보를 충분히 구하지 못하거나 가격의 불합리한 변동까지 감수해야 한다. 또 구매하려는 제품의 판매자가 소수로 제한된다면 대안을 찾지 못해 어쩔 수 없이 불리한 조건을 수락해야 할지도 모른다. 이때 기업이 부품이나 원재료의 공급자를 인수 합병하여 기업 내부로 수직적 통합을 하면 거래 조건에서 불리함뿐 아니라 불확실성 또한 함께 제거할 수 있다. 자연스레 경영의 안정까지 도모하게 된다.

시장 거래 대신 기업 내부화를 통해 거래 비용을 절감하는 일은 득도 되지만 동시에 부담도 된다. 내부노동시장이나 수직적 통합 모두 거래 비용이 줄어드는 대신 조직 비용이 발생하기 때문이다.

내부노동시장에서 안정을 얻는 노동자들은 자신의 이익을 위해 노조와 같은 조직을 결성해 기업에 근로조건 개선이나 임금 인상 등을 요구할 가능성이 크다. 또 수직적 통합으로 기업 조직의 일부가 된 공급자는 시장 경쟁의 압력으로부터 보호받게 되면서 혁신이나 비용 절감에 소홀할 수도 있다. 따라서 기업 내부화라는 제도적 변화로 거래 비용을 줄이는 것에는 분명한 한계가 있다.

20세기 후반에 이르러 많은 기업이 내부화했던 인력이나 생산 활동을 광범하게 외부화하는 변화를 시도했다. 이때 기업들이 내세운 이유나 논리는 외부 환경 변화에 적응할 수 있는 유연성을 높인다는 점이었다.

많은 기업이 거래 비용 절감을 위해 내부화했던 인력과 활동을 외부화하고자 했을 때 이를 가능하게 해 준 것이 바로 정보 기술의 발전이었다. 거래 비용의 상당 부분이 정보 문제 때문이라면 해결할 방안도 정보 통신 기술을 통해 찾을 수 있다. 그간 시장이 정보의 비대칭과 불균형, 정보 획득에 따른 비용 탓에 제 기능을 하지 못했다면 정보 통신 기술의 발달이 이러한 문제를 해결하고 시장 메커니즘을 활성화할 수 있을 것이다.

경제학적으로 이상적 시장에서는 구매자들이 상품의 내용과 가격에 대한 완벽한 정보를 바탕으로 자신의 만족을 극대화하는 선택을 한다고 가정한다. 하지만 현실 시장에서는 정보가 부족할 뿐 아니라 때로는 의도적·비의도적으로 왜곡되거나 비대칭적으로 존재한다. 이런 상황에서 정보 통신 기술, 특히 인터넷의 비약적 발전은 시장 정보를 손쉽게 탐색하고 가격 비교도 쉽게 하도록 돕는다. 이를 통해 공급자 간 경쟁을 부추겨 가격을 떨어뜨리고 시장 효율성을 높인다. 게다가 온라인 시장에서 판매자 평판 시스템 도입은 익명성에 따른 불확실성을 줄이는 효과도 있다.

정보 통신 기술에 의한 거래 비용 감소가 가져온 대표적 변화는 글로벌 소싱의 확대다. 과거 시장에 존재하던 외부 공급자를 수직적 통합으로 조직 위계 내부로 가져온 많은 기업이 정보 기술을 이용해 공급자 망을 글로벌로 확대함으로써 비용 절감 효과를 얻고 있다. 이때 정보 통신 기술은 거래의 불확실성과 정보 비대칭을 줄여 주고 검색과 정보 획득을 용이하게 만들어 준다.

공유 경제라는
새로운 소비 형태

상업 경제가 재화나 서비스의 교환 가치를 가격으로 통제하는 경제 시스템이라면, 공유 경제는 가격으로 설명할 수 없는 다양한 사회관계와 자기 만족감에 의해 자원의 배분과 인센티브가 조율된다. 즉 공유 경제는 돈을 버는 것만이 주된 목적이 아닌 자기 만족감, 명성, 이타성 등도 경제 활동의 아주 중요한 기준이 된다.

지난 2011년 〈타임TIME〉은 '세상을 바꾸게 될 10가지 아이디어' 중 하나로 공유Sharing와 협력적 소비Collaborative Consumption를 꼽았다. 이는 물품을 여러 사람이 함께 돌려쓰면서 공유하는 새로운 소비 방식이 전통적인 자본주의 소비 방식인 소유의 대안이 될 것이라는 전망이었다.

그 예상은 현실에서 고스란히 구현되고 있다. 다국적 컨설팅 기업 프라이스워터하우스쿠퍼스PricewaterhouseCoopers, PwC의 보고서에 따르면, 2011년 14.7억 달러 규모였던 공유 경제 시장이 2013년에는 150억 달러로 성장했고, 2025년까지 3,350억 달러 규모에 달할 것이라 예측될 정도다. 국내에도 차량 공유 서비스 쏘카, 공유 주차장 서비스인 '모두의 주차장' 같은 다양한 공유 경제 서비스가 개설되고 있다.

공유 경제 서비스의 성장은 우리의 일상도 많이 바꾸어 놓았다. 말이 통하지 않는 외국이나 낯선 여행지에서도 에어비앤비Airbnb 같은 숙박 공유 서비스를 사용해 현지인의 집에서 그들의 일상을 함께 경험할 수 있다. 자동차를 구입하지 않고도 쏘카나 그린카 같은 차량 공유 서비스를 통해 필요할 때 쉽게 자동차를 대여할 수 있다. 뿐만 아니다. 오피스를 공유하는 위워크WeWork 역시 복잡한 절차 없이 오피스를 대여하여 비즈니스를 할 수도 있다.

수익, 그 이상의 가치를 추구하는 공유 경제

하버드대학교 교수이자 사회 운동가인 로런스 레식Lawrence Lessig은 공유 경제를 상업 경제와 구분되는 개념으로 정립했다. 그는 상업 경제가 재화나 서비스의 교환 가치를 가격으로 통제하는 경제 시스템이라면, 공유 경제는 가격으로 설명할 수 없는 다양한 사회관계Social Relations와 자기 만족감에 의해 자원의 배분과 인센티브가 조율된다고 주장한다. 즉 공유 경제는 돈을 버는 것만이 주된 목적이 아닌 자기 만족감, 명성, 이타성 등도 경제활동의 아주 중요한 기준이 된다는 것이다. 지역 공동체

내의 공동 육아, 카풀, 온라인상의 오픈 소스 소프트웨어 등이 그 좋은 예다.

현재 공유 비즈니스의 대표적 기업으로 인식되는 우버Uber와 에어비앤비 등의 비즈니스 모델에 대해 온전한 공유 경제가 아니라는 시각도 있다. 작가이자 하버드대학교 교수인 요하이 벤클러Yochai Benkler는 이 같은 비즈니스 모델은 공유 경제보다는 온디맨드 경제On-Demand Economy[1]에 가깝다고 지적한다. 이들 기업은 공급자(개인)와 사용자(개인)를 매개해 주는 온라인 플랫폼으로, 호텔을 비롯한 기존 숙박업과 비슷하게 화폐와 숙박 서비스를 교환하며 공급자들 역시 교환으로 얻는 자기 만족감보다는 경제적인 효용에 더 기울어져 있다는 것이다.

비록 이들 비즈니스가 완벽한 '공유'를 실현하지는 못할지라도 공유 경제와 유사하게 소비되는 경향이 있어서 넓은 의미에서는 공유 경제로 통용되고 있다. 수익을 추구하는 교환 행위이지만 수익을 위해 생산된 제품이 아니라 누군가의 소유인 자산을 다른 개인에게 빌려주어 활용할 수 있도록 하기 때문이다. 이는 공유 경제의 핵심 가치인 협력적 소비와 크게 다르지 않다.

협력적 소비란 개인 혹은 조직이 소유한 상품과 서비스에 대

---

1   공급 중심이 아니라 수요가 모든 것을 결정하는 경제 시스템으로, 수요자가 원하는 시간과 공간에 즉각적으로 재화와 서비스가 제공되는 것을 지칭한다.

협력과 연결: 공유 경제의 출현		
	개인 대 개인 교환(P2P)	기업/조직 대 개인 교환(B2P)
비영리 기업	타임뱅크 등	로코노믹스 등
영리 기업	우버, 에어비앤비 등	집카, 쏘카 등

출처: Juliet B. Schor and Connor J. Fitzmaurice(2015)
"Collaborating and connecting: the emergence of the sharing economy."

한 접근권을 온라인 커뮤니티 혹은 플랫폼을 통해 다른 이에게 대여하거나 제공하는 소비 형태를 이른다. 이 같은 협력적 소비는 공급자의 입장에서는 사용하지 않는 자원을 활용해 경제적 효용을 얻고, 수요자의 입장에서는 재화 및 서비스에 대한 소유권이 아니라 접근권을 구매함으로써 지출을 줄일 수 있다. 뿐만 아니라 상품 및 서비스의 효율적인 사용으로 과도한 소비로 인한 자원 낭비와 환경오염 문제를 해결하는 데에 일조할 수 있어서 사회적 혜택도 크다.

공유 경제 모델은 위의 표와 같이 영리를 추구하느냐의 여부와 교환의 주체가 누구인가에 따라 구분된다. 앞서 언급한 우버와 에어비앤비의 경우에는 개인 대 개인의 영리적 공유 경제를 매개하는 플랫폼 기업이라 할 수 있다.

이들 플랫폼 기업들은 개인과 개인의 연결을 매개함으로써 엄청난 수익을 창출하는데, 만약 이들이 공유 가치를 추구하지 않고 기업의 이익 극대화만 추구한다면 플랫폼 독재로 이어질 우려도 있다.

한편 차량 공유 서비스라 일컬어지는 집카Zipcar나 우리나라 쏘카의 경우 기업 대 개인의 영리적 공유 경제의 성격을 띤다. 그런데 기업 대 개인의 교환은 온라인을 통한 교환이라는 점을 제외하면 기업이 자동차를 직접 소유하고 개인에게 대여한다는 점에서 기존의 차량 렌탈 사업과 유사해 이들을 공유 경제로 부를 수 있는가에 대해 논란이 있다.

한편 우리나라에도 존재하는 타임뱅크Time Banks는 개인 대 개인의 비영리 공유 경제의 대표적인 예다. 타임뱅크는 노동을 한 이의 시간을 적립해 주고 이 적립된 시간만큼 다른 이의 노동력과 교환하는 방법으로 운영되는데, 전통 사회의 두레나 품앗이같이 화폐를 거치지 않는 노동 대 노동의 교환을 추구한다.

예를 들어 한 시간 동안 노인 돌봄 노동을 한 개인은 이후 필요할 때 청소 서비스를 한 시간 이용하는 방식이다. 이 유형은 공유 경제의 기본 가치인 협동과 협력의 철학을 추구하는 개인이 각자의 자산, 재능, 노동 및 정보를 교환하는 형태다. 타임뱅크는 특정 공동체 사람들끼리의 노동 교환으로 지역화된 커먼스인데, 이 형태가 지역을 넘어 완벽한 개방형 네트워크로 확장되면 위키피디아 같은 집힙 지싱형의 글로벌 커먼스까지 포함할 수 있다.

마지막으로 로코노믹스Loconomics는 영리형 공유 비즈니스의 한계를 넘기 위해 개인이 모여 '협동조합'의 형태로 조직한 플랫폼이다. 강아지 산책부터 육아, 마사지 치료 등 다양한 서비스를 제공할 수 있는 여럿이 함께 조합을 만든 뒤 서비스를 필요로 하는 소비자에게 연결하고 제공한다. 이는 개인이 모여 조직을 구성한다는 점에서 개방형 네트워크의 형태와는 다르며, 영리만을 목적으로 하지 않고 사회적 가치를 추구한다는 점에서 사회적 기업과 유사하다.

공유 경제, 기술혁신의 물결을 타고 일상이 되다

사실 공유는 인류에게 매우 친숙한 행위다. 시간을 거슬러 올라가 원시사회에서 함께 사냥하고 채집하여 이를 공동으로 분배하던 것도 대표적인 공유 행위라고 할 수 있다. 농경 사회에서도 이웃 간에 서로 노동력을 나누는 것은 일반적인 일이었다. 그 당시 공유는 주로 친족 또는 마을 공동체 구성원 사이에서 이루어졌으며 부족한 자원과 낮은 생산성을 보완할 필수적인 방식이었다.

이처럼 원시사회부터 시작된 공유 문화가 오늘날 다시 화두가 된 데는 몇 가지 배경이 존재한다. 우선 그 시발점은 경제적인 효용의 추구다. 2008년 세계 경제 위기 이후 저성장과 실업의 증가, 가계 소득의 저하가 소비자들의 구매력을 감소시켰다. 즉 경제적인 이유로 소비자들은 새로운 제품을 구매하기보다 대안적인 소비의 형태인 협력적 소비와 공유에 관심을 갖기 시작했다. 자주 사용하지 않거나 높은 가격의 물품은 다른 이들이 사용하던 물품을 대여하거나 중고로 구매하고자 하는 경향이 강해졌다. 또 남는 방이나 자동차, 혹은 본인이 지닌 재능, 노동력, 시간 등을 나눔으로써 경제적 효용을 얻게 되었다.

경제적 효용을 목적으로 한 공유 행위는 인터넷과 정보 통신 기술의 비약적인 발전에 힘입어 폭발적으로 증가했다. 정보 통신 기술의 발전은 개인이 자유롭게 드나들고 소통할 수 있는 온라인 플랫폼을 탄생시켰고, 이 플랫폼을 매개로 사용자들은 직접 콘텐츠를 만들고 공유하기 시작했다. 과거에는 국가기관이나 기업이 제공하는 재화와 서비스를 수동적으로 사용했다면, 오늘날에는 소비자들끼리 연결될 수 있는 환경이 갖춰지자 이를 적극적으로 활용하고 있다.

우리는 대중이 함께 만드는 온라인 백과사전 위키피디아를 활용해 쉽게 무료 정보를 얻을 수 있고, 유튜브를 통해 수많은 사용자의 콘텐츠를 관람할 뿐만 아니라 직접 만든 콘텐츠를 공유할 수도 있다. 나아가 개인들은 온라인 플랫폼에서 사용하지 않는 물품이나 공간을 다른 이에게 빌려주거나 공유함으로써 경제적 효용을 취할 수 있게 되었다.

주로 가족, 친족, 지역공동체에 국한되었던 과거와 달리 인터넷으로 연결된 타인들과 재화나 서비스를 교환할 수 있기에 공유 비즈니스는 규모도 거대해지고 분야도 숙박, 자동차, 주차, 의류, 금융, 영화나 음악 스트리밍 등에 이르기까지 훨씬 다양해졌다.

특히 스마트폰을 비롯한 스마트 디바이스의 보급은 거래 비용을 획기적으로 줄여 공유 비즈니스가 국가의 경계를 넘어 글로벌 마켓으로 확대되는 데 크게 기여했다.

공유 문화의 확산과 성장에는 또 다른 배경도 있다. 과거에는 무엇이든 넉넉하고 풍족한 것을 선호했다면 현대인들, 특히 젊은 세대는 과도한 생산과 과도한 소비로 인한 자원 낭비, 환경오염 같은 문제에 대해 더욱 민감하게 반응한다.

좋은 물건을 소유하는 것이 중요했던 과거와 달리 그들은 상품의 재사용이나 중고품 판매와 구입에 훨씬 익숙하고 호의적이며, 사용하지 않거나 사용 빈도가 낮은 소유물을 공유하거나 교환하는 데 관심이 많다. 세계적인 온라인 경매 시장인 이베이eBay와 온라인 벼룩시장인 크레이그리스트Craigslist는 이미 거대한 비즈니스가 되었다. 우리나라 역시 중고나라와 같은 플랫폼을 통해 물건을 판매하거나 구매하는 것은 젊은 세대에게 익숙한 일이다.

이 같은 경제적·기술적·문화적 환경의 변화와 맞물려 공유 비즈니스는 폭발적으로 성장했고, 이제 우리의 일상이 되었다. 우리는 우버, 에어비앤비, 쏘카, 위워크 등을 활용해 부동산과 자동차를 공유할 수 있게 되었고, 안 입는 의류를 다른 사람에게 대여하거나 각자가 필요한 옷을 서로 교환하기도 한다.

또한 유형의 자산뿐 아니라 무형의 자산까지도 공유가 가능하다. 이제 CD를 구매하지 않아도 유튜브로 음악과 영상을 즐길 수 있고, DVD를 구매하지 않아도 넷플릭스Netflix로 영화와 드라마를 시청한다.

어디 그뿐인가. 최근에는 정보와 지식도 공유되고 있다. 지난 2014년 테슬라 모터스의 최고 경영자 일론 머스크Elon Musk는 전기 자동차와 관련된 특허를 무료로 공개했으며, 최근에도 그 기조를 재확인한 바 있다. 그는 전기 자동차는 지속 가능한 교통수단을 위해 만들어진 것이므로, 특허를 통해 움켜쥐기보다 다른 엔지니어나 업체가 함께 가는 것이 목적이라는 오픈 소스 철학을 분명히 하면서 지식재산권의 공유라는 새로운 공유 경제의 모델이 되었다.

실용 지식 공유 플랫폼인 스킬쉐어Skillshare는 공예, 디자인, 게임, 음악, 창업, 경영 등 수많은 종류의 전문 지식과 기술, 재능을 온라인 동영상 강의로 제공하고 있으며, 세계 유수의 대학이 참여하고 있는 온라인 강좌인 무크MOOC: Massive Open Online Courses 역시 지식을 공유하는 대표적 사례다.

공유 비즈니스의 급속한 성장은 전 세계 스타트업 기업의 가치 순위에서도 확인해 볼 수 있다. 경제 매거진 〈포춘Fortune〉에 따르면, 2016년 기준 유니콘 스타트업 기업 가치 1위는 우버, 3위는 에어비앤비였으며, 실리콘밸리 벤처캐피탈의 최대 투자 대상 역시 공유 경제 기업이었다.

이렇듯 공유 경제 기업이 유니콘으로 성장하자 이후로 공유 비즈니스와 관련된 스타트업이 무수히 설립되었고, 개인과 개

인 간 렌탈 시장의 규모도 2013년 기준 260억 달러에 달할 정
도로 거대해졌다.

누구나 창업하고
누구나 투자한다

───────────────◇───────────────

메이커 무브먼트와 메이커 스페이스로 시작된 생산의 민주화, 창업의 민주화 현상은
향후 정보 통신 기술의 발전에 따라 더욱 가속화될 전망이다. 초연결 사회에서는 메이
커들 간의 연결과 공유, 협력이 훨씬 더 쉬워질 것이기에 점점 더 많은 사람이 메이커
스페이스에서 쉽게 소규모 제조 창업에 뛰어들 확률이 높다.

"소도 비빌 언덕이 있어야 비빈다."는 말이 있다. 믿고 의지할
곳이 있어야 무슨 일이든지 이룰 수 있다는 의미가 담긴 이 말
을 창업에 적용해 보면, 밑천이 될 만한 자본이나 금전적인 도
움을 줄 만한 사람이 있어야 창업에 도전할 수 있다는 의미로
쓰일 수 있다.

　그도 그럴 것이 불과 얼마 전까지만 해도 창업에서 최우선
조건은 단연 자본이었다. 좋은 아이디어가 있어도 누구보다 열
심히 할 열정이 있어도 현실에서 사업을 구현할 자본금이 없
으면 '비빌 언덕이 없는 소'가 되어 한 걸음을 나아가는 것조차

쉽지 않았다.

정보 통신 기술의 급격한 발전은 자본이 있어야 창업을 하던 시대를 아이디어와 열정만으로도 충분히 시작할 수 있는 시대로 바꾸어 놓았다. 생산에 필요한 공간과 도구 등을 공유의 형태로 활용함으로써 투자 자금에 대한 부담을 획기적으로 줄였다. 이러한 변화에 힘입어 창의적인 아이디어와 남다른 열정을 장착한 스타트업 창업이 서서히 싹을 틔우고 있다.

메이커 무브먼트와 메이커 스페이스

산업혁명 이후 20세기의 급성장을 이끈 전통적인 생산의 패러다임은 공장제 대량생산으로 요약될 수 있다. 이후 급변하는 환경에 따라 생산 방식은 소비자의 다양해진 니즈를 충족시킬 수 있는 소비자 맞춤형으로 점차 변화해 왔다. 이에 조직들은 제조 프로세스를 유연화시킴으로써 이 흐름에 대응하려 하지만 여전히 생산은 자본 집약적·중앙집권적으로 이루어지고 있는 실정이다.

근래에는 자본이 부족하더라도 창의적인 아이디어가 있으면 누구나 이를 제품화하는 것이 가능해지면서 생산의 민주화, 분권화 가능성에 대한 논의가 뜨겁다. 메이커 무브먼트Maker Movement와 메이커 스페이스Maker Space의 등장을 둘러싼 논의가 바로 그것이다.

메이커 무브먼트는 이미 미국과 유럽을 중심으로 빠르게 성장하고 있고, 한국에서도 첫걸음을 떼기 시작했으며, 오픈 소스 하드웨어, 소프트웨어, CNC 공작기계[2]나 3D 프린터[3] 등의 도구를 사용하여 구상한 것을 개발자 스스로 시제품(프로토타입)으로 만드는 DIYDo-It-Yourself(스스로하기) 창작 문화로 규정지을 수 있다.

또한 '운동'으로서 메이커 무브먼트는 예비 창업자들뿐만 아니라 개인 소프트웨어, 애플리케이션 개발자, 예술가, 공예가, 중·고등학생까지 아우르는 모든 계층의 메이커들이 아이디어를 바탕으로 고품질의 제품을 소량 생산함으로써 소수 자본가들의 전유물이었던 생산의 장벽을 지속적으로 허물고 혁신 창업의 가능성을 높이고자 하는 흐름이다. 특히 생산의 전통적인 관념이 흔들리고 공유 경제에 대한 논의와 개방형 혁신이 증가하고 있는 요즘, 메이커 무브먼트를 향한 관심이 더욱 커지고 있다.

메이커 무브먼트의 확산을 도운 것은 메이커 스페이스다. 메이커 스페이스란 메이커들이 다른 메이커들과 3D 프린터,

---

2   컴퓨터 마이크로프로세서를 내장한 수치 제어 공작기계 및 이를 응용한 기계공작 전반을 일컫는다. 컴퓨터로 만들어진 프로토타입을 신속하고 정확하게 생산해 낼 수 있다.
3   삼차원의 전자적 정보(3D 설계도)를 바탕으로 삼차원의 물체를 만들어 내는 자동화된 출력 장치 및 입체화하는 활동을 의미한다. 2013년 미국 오바마 정부가 미래 제조업 부흥과 혁명을 위한 10대 핵심 제조 기술로 선정한 뒤 주목받고 있으며 전 세계 3D 프린터의 시장 규모는 급성장 중이다.

레이저 커터를 비롯한 컴퓨터 프로그래밍된 산업기계들을 함께 공유하고, 원하는 사물을 즉석에서 만들어 낼 수 있는 물리적 작업 공간을 말한다. 메이커 스페이스는 값비싼 최첨단 디지털 기계에 대한 접근을 훨씬 용이하게 해 주었으며, 개인이 제품 개발을 위해 치러야 할 비용을 획기적으로 낮춰 주었다. 또한 메이커 스페이스는 단순히 작업 공간에 머무르는 것이 아니라 메이커들이 함께 모여 아이디어와 정보를 나누고, 수정하고 배우고 협력할 수 있는 공간을 제공한다. 메이커들은 커뮤니티를 조직할 수 있고, DIY는 DIT_{Do-It-Together}(함께하기)로 발전하여 사용자 주도의 혁신에 힘을 보태고 있다.

현재 메이커 무브먼트와 메이커 스페이스는 전 세계적으로 공공 및 민간이 협력하여 단순한 DIY 단계를 넘어 실제 창업으로 연계되도록 인프라를 구축하고 지원하기 시작했다. 메이커 무브먼트의 선봉에 선 미국은 예전부터 차고나 마당에서 물건을 수리하고 만드는 문화가 있어 메이커 무브먼트가 매우 자연스럽고 자발적으로 정착될 수 있었다. 테크숍_{Techshop}이나 팹랩_{Fabrication Laboratory: Fab Lab}과 같은 자발적인 메이커 스페이스는 미국뿐만 아니라 우리나라를 비롯한 전 세계에 멤버십 네트워크를 구축하고 있다. 게다가 근래에는 미국 정부 역시 제조업 혁신 및 부활을 위한 전략의 일환으로 메이커 무브먼트를 촉진하고 있다.

프랑스는 정부 차원에서 라 프렌치 테크_{La French Tech}라는 스타트업 육성 정책으로 메이커를 육성하고 글로벌 스타트업이 프랑스에 거점을 둘 수 있게 지원하고 있다. 독일은 도서관을 중심으로 자발적인 메이커 스페이스가 형성되고 있으며, 중국이나 일본 역시 메이커 무브먼트가 성공적인 벤처 창업으로 이어지게끔 정부, 민간 기업, 지역 주민 등이 협력하여 지원을 늘리고 있다.

국내의 메이커 스페이스는 풀뿌리 제작 문화가 정착되어 있는 미국에 비해 정부의 역할이 큰 편이다. 무한상상실, 시제품 제작소, 디지털대장간 등 정부 주도 또는 정부 지원으로 운영되는 메이커 스페이스가 전국에 120여 개(2017년 9월 기준)에 달하며 앞으로도 계속 확충해 나갈 계획이다.

민간도 서울과 수도권을 중심으로 메이커 스페이스가 꾸준히 증가하고 있다. 지난 2013년 세운상가에 들어선 대표적인 민간 메이커 스페이스인 팹랩 서울Fablab Seoul은 미국의 팹랩과 네트워크를 형성하고 메이커들에게 디지털 장비를 제공하거나 대여해 줄 뿐만 아니라 장비 활용법을 비롯한 다양한 교육 프로그램을 제공한다. 그러나 온라인 커뮤니티의 비중이 훨씬 높고 활성화되어 있어서 여전히 오프라인의 물리적 공간은 규모가 영세하고 정부의 지원이 필요해 아직 걸음마 단계라고 볼 수 있다.

우리나라는 메이커 무브먼트나 메이커 스페이스가 아직 초기 단계에 불과하지만, 민관협력을 통해 전 세계적으로 활성화되고 증가하고 있는 것은 분명한 현상이다. 디지털 설계도가 없더라도 오픈 소스로 공개된 설계도들을 다운로드 받으면 언제든 메이커 스페이스에서 원하는 제품을 만들어 낼 수 있다. 또 다른 메이커들과 함께 교류하고 배우며 협력하여 이를 상품화하는 일도 가능하다. 장비를 다루는 것이 익숙하지 않은 개인들을 위한 교육 프로그램과 창업 컨설팅도 이루어진다. 따라서 메이커 무브먼트는 예비 창업자, 전문적인 기술 개발자나 기업 내 혁신가들뿐만 아니라 취미로 개발하는 사람, 학생, 예술가, 소규모 자영업자 등 모든 영역의 사람을 아우른다. 실제로 만들어지는 시제품을 보면 로봇이나 드론에서부터 생활용품, 장난감, 반려동물 용품에 이르기까지 다양하다.

단순한 취미와 즐거움을 얻는 제작 활동에서 시작된 메이커 무브먼트는 실질적인 창업으로 이어질 경우 창출할 수 있는 경제적 가치 때문에 정부와 여러 기관의 주목을 받고 있다. 앞서 언급했듯이 프랑스, 중국, 일본 등은 메이커 무브먼트가 실제 창업으로 이어지도록 정부가 엄청난 지원을 쏟고 있다. 풀뿌리 메이커 무브먼트의 메카인 미국 정부 역시 메이커 스페이스가 향후 미국 제조업의 부흥을 이끌 것이라 기대하며 이를 장려하고 지원한다.

실제로 메이커들의 제품 중 일부는 미국을 중심으로 성공적인 창업이 이루어지고 있다. 스마트폰에 꽂아 쓸 수 있는 신용카드 리더기 '스퀘어', 최초의 스마트워치 '페블' 등이 모두 메이커 스페이스에서 탄생한 성공적인 사례다. 메이커 스페이스를 통해 선보인 제품들은 대부분 창업 비용이 낮은 편이고, 위험부담도 크지 않다. 소비자들의 호응만 얻는다면 제품이 창업으로 이어지는 일이 수월한 편이다.

물질적·사회적·문화적 자본이 부족한 일반 개인들도 메이커 스페이스를 활용해 창업할 수 있는 가능성이 높아졌다. 수억 원대의 산업기계를 저렴한 비용에 이용할 뿐만 아니라 다른 메이커들과 함께 교류하며 기술적인 도움도 받을 수 있다. 또 한 공간 안에서 예비 기업가들이 커뮤니티를 형성할 수 있어서 메이커 스페이스에서 형성된 네트워크는 이후 창업에 큰 자산이 될 것이다.

메이커 무브먼트와 메이커 스페이스로 시작된 생산의 민주화, 창업의 민주화 현상은 향후 정보 통신 기술의 발전에 따라 더욱 가속화될 전망이다. 초연결 사회에서는 메이커들 간의 연결과 공유, 협력이 훨씬 더 쉬워질 테디 점점 더 많은 사람이 메이커 스페이스에서 쉽게 소규모 제조 창업에 뛰어들 확률이 높다. 나아가 이러한 디지털화와 정보 통신 기술의 발전은 사용자 주도의 혁신, 사용자가 직접 개발자와 창업자가 되는 현상을 획기적으로 증가시킬 수 있어 창업의 민주화는 더욱 가속화될 것이다.

투자의 민주화

많은 신생 기업이 창업 초기에 자본이 부족해서 경영난을 겪는다. 오죽하면 아이디어와 기술 개발에 성공한 벤처 기업이 이후 자금 부족으로 인해 상용화와 시장화 과정에서 겪는 고통을 두고 죽음의 계곡Death Valley이라 표현했을까. 안타깝게도 많은 신생 기업이 이 계곡을 넘지 못하고 실패한다.

어떻게 자본을 유치할 것인가는 창업자들이 창업의 과정에서 가장 먼저 그리고 가장 크게 직면하는 중대한 문제일 것이다. 그동안 스타트업의 설립과 운영을 위한 자본은 대부분 창업자 자신이나 가족을 비롯한 가까운 지인의 자본, 은행 대출, 혹은 비즈니스 엔젤이나 벤처캐피탈 투자 유치를 통해 마련되었다. 이 과정에서 충분한 자금을 구하기도 쉽지 않을뿐더러 이자나 원금 상환 등 부담도 만만치 않았다. 더군다나 비즈니스 엔젤과 벤처캐피탈 같은 외부 자본은 전문가들이 자체적인 평가 방법으로 소수의 기업에만 투자하고 있어 그 수혜자가 되기란 더욱 어렵다.

최근에는 크라우드 펀딩Crowd Funding이 창업자들의 자금 유치를 위한 대안으로 떠오르고 있다. 크라우드 펀딩이란 다수의 일반 개인으로부터 소셜 미디어나 인터넷을 통해 투자받는 방법으로, 인터넷을 접하는 모든 사람들의 자본을 활용할 수 있다. 현재의 크라우드 펀딩 플랫폼은 대부분 다음과 같은 형태를 띤다.

먼저 자금을 모으고자 하는 개인 혹은 팀이 자신의 프로젝트, 아이디어, 시제품 등을 소개하면서 후원 금액대별 보상을 함께 소개한다. 그러면 이 플랫폼을 이용하는 사용자는 본인이 선호하는 프로젝트에 후원한다. 프로젝트를 성공적으로 마친 후에는 창업자가 그 수익금을 다수의 투자자에게 되돌려 준다. 기부 형식은 보상으로 작은 선물을 제공하기도 하며, 증권 투자 형식은 프로젝트 성공 이후에 금전으로 교환한다. 신생 기업 및 창의적인 아이디어를 지닌 소자본 창업자들은 주로 증권형을 활용한다.

소수의 자본가나 전문가층의 의견에만 의존했던 기존의 벤처 자금 조달 방식은 그 과정에서 불평등 현상을 피할 수 없었다. 그러나 크라우드 펀딩은 시장에 참여하는 모든 사람의 공동 의견, 집단 지성을 토대로 하기에 그간의 불평등 현상을 어느 정도 해소할 수 있으며 나아가 재정적 민주화를 이룰 가능성이 높다.

2000년대 중반 이후 크라우드 펀딩은 전 세계적으로 산업 규모가 지속적으로 증가하고 있다. 특히 미국 오바마 정부가 2012년 JOBS법Jumpstart Our Business Startups Act에 사인한 뒤 증권형 크라우드 펀딩 플랫폼이 급성장해 왔으며 영국, 프랑스 등의 유럽 국가에서도 빠른 성장을 보인다. 2013년 월드뱅크의 보고서에 따르면, 크라우드 펀딩 투자는 2025년까지 960억 달러에 달할 것이라고 예상한다. 우리나라에서도 2016년에 증권형 크라우드 펀딩 제도의 도입 이후 규모가 계속 증가하고 있으며, 2017년까지 총 274개 스타트업에 조달된 자금의 규모가 약 452억 원에 달한다.

크라우드 펀딩의 가장 성공적인 사례로 꼽히는 페블 스마트 워치는 메이커 스페이스에서 만들어져 미국의 대표적인 크라우드 펀딩 플랫폼인 킥스타터KickStarter를 활용해 1,000만 달러 이상의 투자를 받았다. 디자이너 캐리어 브랜드인 샤플SHAPL은 벤처캐피탈로부터 자금 조달에 실패했으나 크라우드 펀딩 플랫폼인 와디즈에서 15억 원 이상의 자금 조달에 성공했다. 현재 우리나라에는 와디즈, 오픈트레이드, 유캔스타트 등 증권형 크라우드 펀딩 플랫폼이 지속적으로 들어와 총 14개(2018년 2월 기준)에 달하며, 앞으로도 꾸준히 늘어날 전망이다.

현재까지는 크라우드 펀딩의 대부분이 주로 소규모 프로젝트의 초기 자금을 조달하는 용도로 이용되고 있다. 그러나 킥스타터는 상위 50개의 대규모 프로젝트 중 45개가 현재 실질적 스타트업 기업으로 발전한 것으로 보아, 앞으로는 그 규모가 훨씬 더 커지고 스타트업의 주요한 펀딩 자원이 될 것으로 보인다.

앞서 언급했듯 국내에서도 크라우드 펀딩을 활용해 창업에 성공한 사례가 늘고 있고, 자금의 규모가 급속하게 증가하고 있어 신생 기업의 주요한 자금 조달원이 될 것이다. 벤처캐피탈이 창업자의 경험이나 객관적으로 드러나는 과거의 성과 또는 창업자의 성별, 인종, 출신 학교 등의 지표를 중요한 심사 기준으로 삼은 것에 비해, 크라우드 펀딩은 아마추어 대중의 소액 투자에 기반하는 만큼 창업자와 그들의 아이디어의 가능성을 평가하는 기준이 달라지고 있다. 초기 자본이나 경험이 부족한 창업자들도 창의적인 상품이나 아이디어를 가지고 있다면 사용자인 대중으로부터 투자받을 수 있는 확률이 높아진다. 게다가 크라우드 펀딩 플랫폼에 아이디어 혹은 시제품을 업로드하는 일부터 효과적인 마케팅이 될 수 있다는 장점이 있다.

나아가 블록체인 기술이 더욱 발전한다면 현재의 크라우드 펀딩의 형태보다 높은 신뢰를 제공하면서 대규모의 자금을 조달할 수 있는 방법이 될 것이다. 지금은 펀딩 플랫폼에서 창업자와 투자자들 간에 신뢰를 제공하는 대신 높은 수수료를 취한다. 또한 크라우드 펀딩 시스템과 관련하여 불신의 가능성과 위험성이 제기되고 있는 만큼 훗날 블록체인 기술이 플랫폼 기업의 대안이 될지도 모른다.

만약 블록체인 기반의 크라우드 펀딩 플랫폼이 활성화된다면 이 신뢰는 스마트 계약과 평판 관리 시스템에 의해 형성되기 때문에 지금과 같은 플랫폼의 필요는 줄어들고, 가상화폐 공개Initial Coin Offering: ICO 등의 형태로 보다 대규모의 자금을 단시간 안에 조달할 수 있을 것이다. 실제로 미국 크라우드 펀딩 플랫폼인 인디고고Indiegogo가 블록체인 기술의 가능성을 인식하고

2017년 12월 ICO 프로젝트를 발표한 바 있다. 명확한 법적 규제가 존재하지 않기 때문에 아직 걸음마 단계에 있지만, 현재보다 정보 통신 기술이 더욱 발전한 초연결시대에는 더 활성화될 것으로 예측된다.

메이커에서 공급자로

신생 기업은 탄탄하고 안정적으로 자리 잡은 기존의 기업들에 비해 시장에 진출하기까지 크고 작은 어려움을 겪는다. 기술 개발에는 성공했지만 이후 마케팅과 홍보 등에 드는 비용 부족으로 많은 스타트업이 실패의 쓴맛을 본다. 또한 소비자들은 잘 알려진 기업이 생산한 제품은 신뢰하는 경향이 있지만, 제품이나 서비스의 질이 아직 증명되지 않은 신생 기업의 제품에는 의구심을 가질 수 있다.

다행히 정보 통신 기술의 비약적인 발전과 메이커 무브먼트의 활성화는 이러한 신생 기업의 불리한 점을 상당히 완화해 줄 것이다. 우선 크라우드 펀딩 플랫폼은 투자뿐만 아니라 스타트업 혹은 메이커들의 상품과 서비스의 홍보와 판매를 담당하는 기능을 한다. 연구에 따르면 창업자 혹은 메이커들은 사업 자금 조달뿐만 아니라 잠재적인 소비자와의 관계를 형성하거나 마케팅 목적으로 크라우드 펀딩을 이용한다. 크라우드 펀딩 플랫폼에 프로젝트를 업로드하면, 플랫폼 사용자들에게 자신의 프로젝트나 제품 혹은 서비스를 효율적이고 효과적으로 전달하고 홍보할 수 있는 덕분이다. 이는 제품이나 서비스를 본격적으로 시장에 출시하기 전에 신제품에 대한 소비자의 관심을 끌거나 호응의 정도를 가늠할 수 있게 도와준다.

뿐만 아니다. 엣시Etsy나 그로밋The Grommet 같은 메이커 제품을 판매하는 온라인 플랫폼 기업의 성장은 메이커(생산자)와 소비자를 연결해 주는 역할을 하고 있다. 이러한 온라인 플랫폼은 메이커나 창업자들이 생산한 맞춤형 니치 상품Long Tail⁴이 더 큰 시장으로 진출하는 데 도움이 된다. 이외에도 페이스북, 인스타그램 같은 소셜 미디어를 통한 홍보는 저비용으로 효율적인 마케팅을 가능하게 만든다. 초연결 사회에서는 이 같은 경향이 더욱 빠르게 확산될 것이다. 정보 통신 기술의 발전은 사용자가 창업자가 되는 흐름을 가속화할 뿐만 아니라 이들이 생산한 제품이 온라인 유통 채널에서 홍보 및 판매되는 것 또한 더욱 활성화될 수 있다.

또한 메이커들이 자신이 만든 창작품, 발명품, 시제품 혹은 완제품을 전시하고 설명하고 즐기는 메이커들의 축제인 메이커 페어Maker Fair는 메이커가 시장으로 진출할 자연스러운 기회가 되기도 한다. 미국 캘리포니아에서 2006년 처음 시작된 메

---

4 니치란 '틈새, 빈틈'이라는 뜻이며 니치 상품은 일반 상품군의 구분을 세밀하게 연령층, 성별, 직업별, 특정 상황에 맞춰 소비자를 특화시켜 이들에게 가장 적합하게 개발해 낸 상품을 의미한다. (출처: 〈매일경제〉)

이커 페어는 현재 전 세계 40여 개국에서 연간 220여 회 이상 진행되고 있다. 우리나라에서도 2012년 메이커 페어 서울이 처음 개최된 이후 꾸준히 참여자가 늘어, 2018년에는 1만 명의 관람객이 방문하는 국내 최대의 메이커 행사가 되었다.

행사의 주된 전시품은 로봇, DIY 액세서리, 미니 자동차를 비롯하여 3D 프린터, 레이터 커터 등을 활용한 것이며, 메이커들은 자유로운 축제의 분위기에서 남녀노소가 어울려 놀면서 창작자이자 사용자가 되어 행사에 참여한다. 이 페어에서 그들은 창업가 정신을 키우기도 하고 자연스럽게 네트워크를 형성할 기회를 만든다. 무엇보다도 자신들의 창작품을 전시하고 소비자의 반응을 확인하고 홍보할 수 있는 기회가 된다는 점에서 창업 생태계 형성에 도움이 된다.

메이커들의 제품이나 서비스, 아이디어가 투자를 받고 호응을 얻는 현상은 소비자의 니즈가 구체적이고 다양하게 변화하는 현상과 궤를 같이한다. 많은 소비자가 대량으로 생산된 천편일률적인 상품보다 개인의 취향에 더 잘 맞는 제품을 찾고 있다. 메이커들이 생산하는 제품은 기본적으로 맞춤형 니치 상품인 경우가 많다. 또한 기술의 발전과 메이커 스페이스의 도움으로 메이커들은 개별 고객의 취향에 맞는 상품을 적은 비용을 들여 맞춤형으로 생산할 수 있다는 점에서 앞으로 더욱 크게 성장할 것이다.

데이터가 지배하는
세상이 왔다

기업은 발전을 이끌고 승자가 되기 위해서 양질의 데이터를 더 많이 확보해 더 새롭고 더 유용한 결과물을 창출해야 한다. 이 과정에서 데이터의 생산자이자 공급자인 다수의 개인에게 기업은 어떤 식의 보상을 해야 양질의 데이터를 지속적으로 공급받을 수 있을지 신중하게 고민해야 한다.

최고급 성능의 기계와 그것을 구동하는 효율적인 시스템이 있다고 가정하자. 그런데 이것이 일순간 무용지물이 되는 순간이 있다. 바로 원료의 공급이 멈췄을 때다. 디지털 기술의 급진적인 발전을 통해 인류는 경제와 사회 전반에 걸쳐 혁명에 가까운 변화를 겪고 있지만 정작 디지털 체계를 구동시키는 원료인 데이터가 없다면 어떻게 될까? 데이터가 입력되지 않은 인공지능 로봇을 상상하면 그 답을 쉽게 찾을 수 있다.

경제 협력 기구인 OECD는 2019년 발간한 보고서에서 데이터에 기반한 디지털화가 경제와 사회 전반에 걸친 변화의 주된 원동력이라고 규정했다. 그리고 4차 산업혁명에서는 데이터가 과거 산업사회의 석탄이나 석유 같은 가장 중요한 자원임을 강조했다.

이미 시작된 4차 산업혁명의 물결에서 그리고 앞으로 다가올 변화의 파고에서 기업은 발전을 이끌고 승자가 되기 위해서 양질의 데이터를 더 많이 확보해 더 새롭고 더 유용한 결과물을 창출해야 한다. 이 과정에서 데이터의 생산자이자 공급자인 다수의 개인에게 기업은 어떤 식의 보상을 해야 양질의 데이터를 지속적으로 공급받을 수 있을지 신중하게 고민할 필요가 있다.

양질의 데이터를 확보하라

지식정보산업과 기술의 발달로 경제적 생산이 활발해지면서 기존의 생산요소인 토지, 자본, 노동 등이 데이터를 중심으로 재편되고 있다. 빅데이터로 불리는 광범위한 데이터가 유용한 정보로 전환되면서 만들어 내는 경제적 가치가 갈수록 커지고 있기 때문이다. 게다가 초고속 인터넷이 가능해지고 데이터를 복제하고 활용하는 데 비용이 거의 들지 않는다는 점은 데이터 유통에 활력을 더해 주었다.

생산 3요소의 변화

생산의 3요소	지식정보산업 확장기: 한계비용 제로	데이터 경제 도래: 데이터의 사유화, 자본화
토지	인터넷 도메인이 토지 대체	데이터 축적 장소로서 플랫폼 독점화에 따른 지대 급등
자본	오픈 소스, 무료 플랫폼 등으로 소자본 창업 가능	주요 자본이 금융에서 데이터로 변화
노동	정보의 생산과 복제는 고용 노동이 거의 불필요	비고용 노동이 데이터 생산

그렇다면 정말 데이터는 무료일까? 결론부터 말하자면 결코 그렇지 않다. 정보도 기존의 생산요소인 토지, 자본, 노동만큼이나 그 가치에 합당한 비용을 요구한다.

온라인 도메인을 무한정 창출할 수 있다는 것은 원론적인 이야기일 뿐 현실에선 그다지 의미가 없다. 위의 표에서도 알 수 있듯이 데이터를 축적할 수 있는 토지, 즉 플랫폼은 성공한 몇몇 기업을 제외하고는 소유하고 있지 않다. 게다가 구글, 아마존, 페이스북 그리고 중국 시장을 바탕으로 한 기업의 데이터 확보 경쟁은 점점 치열해지고 있어서 새로운 형태의 독점 기업이 등장한 것이 아닌가 하는 우려의 목소리도 높다.

데이터가 디지털 경제에서 가장 중요한 원료로 사용되는 현실에서 데이터는 절대 무료가 아니다. 데이터를 확보하기 위해 대기업은 점점 더 많은 자본금을 투자한다. 페이스북이 2012년 인스타그램을 인수하고 2014년에 왓츠앱을 인수한 궁극적 목적은 소셜 미디어 플랫폼을 독점하기 위한 투자라기보다는 데이터를 축적하기 위한 투자라고 보는 것이 더 합당할 것이다. 더구나 페이스북의 사용자 정보가 케임브리지 애널리티카 Cambridge Analytica라는 정치 컨설팅 회사를 통해 정치 선거에 활용된 사건은, 데이터 자체를 사고파는 시장이 투기성 데이터 브로커에 국한되지 않고 지식정보산업 전체와 연관되어 있음을 잘 보여 주는 예다.

물론 페이스북의 이러한 투자가 어떤 이득을 가져다주었는지 아직은 확실하지 않다. 그 탓에 데이터의 자본화를 장기적인 경향으로 파악할 필요가 없다고 생각할지도 모른다. 하지만 2006년에 구글이 유튜브를 16억 5천 달러라는 천문학적 금액을 주고 인수한 것이 10년이 훨씬 지난 시점에서야 지식 정보 시장에서 소위 가장 스마트한 거래로 평가받는다는 점을 상기해 보라. 데이터에 대한 대기업의 투자는 우리의 생각보다 훨씬 더 장기적인 안목에서 상상 이상의 규모로 이루어지고 있다.

데이터 확보를 위해 천문학적 금액을 지불하는 것은 비단 인스타그램이나 유튜브처럼 세계 최고로 꼽히는 소셜 미디어 플랫폼 기업만은 아니다. 마이크로소프트는 2016년 링크드인 Linkedin을 262억 달러에, 2018년에는 깃허브GitHub를 75억 달러에 인수했다. 링크드인은 전문직 중심의 인력 관리 소셜 플랫폼이고, 깃허브는 프로그램 개발자들의 공유 생태계다. 이러한 다소 전문적인 플랫폼을 인수하는 데 드는 액수는 이미 유튜브나 인스타그램을 인수하는 데 들인 액수를 훌쩍 넘어서고 있다. 지식정보산업의 대기업은 잠재적 소비자의 데이터를 넘어 이제 잠재적 생산자의 데이터도 자본화시키고 있으며, 막대한 금융자본을 장기적 안목에서 지불하고 있는 것이다.

데이터는 자본인가, 노동인가

데이터를 활용한 지식정보산업이 활발하게 성장하는 데이터 경제에서 가장 논쟁의 대상이 되는 생산요소는 노동일 것이다. 생산에 투입되는 노동의 성격을 어떻게 파악하느냐에 따라 데이터 경제를 주도하는 생산조직의 형태도 결정되기 때문이다.

데이터 경제에서 생산요소로 투입되는 데이터는 생산조직에 고용된 노동력이 생산한다고 보기 힘들다. 그보다는 생산조직이 구축해 놓은 플랫폼에 와서 활동하는 소비자 혹은 유저User들이 생산한다고 볼 수 있다. 이는 주요 노동이 전통적 임금노동에서 데이터 생산 노동으로 전환되고 있음을 뜻한다.

그렇다면 생산조직이 구축해 놓은 플랫폼에 와서 데이터를 생산하는 사람들은 그에 합당한 대가를 받고 있을까? 전혀 그렇지 않다. 전통적 금융자본 시장을 형성하는 투자자나 예금주는 주식의 매매 차익이나 배당금, 이자 등으로 보상을 받는 데 비해 떠오르는 데이터 자본을 형성해 준 디지털 사용자들은 기여에 따른 특정한 보상을 받고 있지 못하다.

경제학자 로버트 샤피로Robert J. Shapiro는 "GM이 자동차의 주재료인 철강과 고무, 유리 등에 비용을 지불하지 않는다고 상상해 보라. 그것이 현재 IT 대기업이 하는 행태다."라고 지적했다. IT 대기업이 주재료인 데이터를 생산하는 소비자 및 유저에게 그 대가를 지불하지 않고 있음을 비판한 것이다.

관심사를 검색하고 상품의 구매 후기를 쓰고, 일상을 사진과 글로 남기고, 쇼핑 하는 등 인터넷 환경에서 이루어지는 거의 모든 행위가 데이터로 남는다. 그런데 그것이 개인의 기록에 머물지 않고 해당 플랫폼을 제공한 IT 대기업을 더욱 발전하게 하는 주된 자원으로 활용되고 있다.

상황이 이렇다 보니 IT 대기업의 데이터 활용을 두고 논란이 거세다. 데이터의 생산은 나의 자발적인 의지로 행해진 일이기는 하지만 귀한 시간이 소요되고 취향과 의견 등 나와 관련된 기록인 만큼 누군가 그것을 활용하여 이득을 취했다면 응당 나에게도 그에 걸맞은 적절한 보상을 해 주어야 하는 것이 아닌가 하는 의견이 나오는 것이다.

내가 남긴 데이터로 돈을 버는 기업이 그에 합당한 대가를 내게 지불해야 하는가, 지불하지 않아도 되는가에 대한 답은 '데이터를 자본으로 보는가, 노동으로 보는가'에 따라 달라진다. 데이터를 자본으로 보는 사람들의 견해는 "사용자는 온라인 서비스나 플랫폼을 무료로 사용하는 대신에 플랫폼 소유자에게 무료로 데이터를 제공하기로 합의한 것이다. 따라서 데이터는 생산한 사용자가 소유권을 갖기보다는 플랫폼 소유자에게 '자본'으로서 사유된다."는 것이다.

반면 데이터를 노동으로 봐야 한다는 이들은 "데이터를 노동의 산물로 보고 이에 대한 차별적 보상을 주어야 한다."고 주장한다. 시카고대학교 경제학과 교수를 지낸 경제학자 글랜 웨일Glen Weyl과 그의 동료들은 데이터를 자본으로 보는 디지털 경제가 비효율적이고 비생산적이라고 말한다. 그들은 자본으로서 데이터가 유통되는 시스템은 기업가 정신을 고양시키는 효과는 있으나, 양질의 데이터 생산에 대해 응당한 보상을 해주지 않기에 결국 인공지능 산업이 발전할수록 비효율성이 커질 것이라고 예측한다.

이들이 말하는 데이터 경제 사회의 소득 해법은 흔히 논의되는 기본 소득과는 차이가 있다. 기본 소득은 데이터가 모두 함께 만든 자산인 만큼 그 대가를 다 같이 나눠 갖자는 취지의 해법이다. 디지털 사회에서는 대부분의 사람들이 다양한 디지털 활동을 통해 데이터를 생산하고 IT 대기업은 이것으로 큰 수익을 올린다. 그리고 이 기업들은 국가에 막대한 세금을 내고 국가는 그 세금으로 국민에게 일정한 금액의 기본 소득을 묻지도 따지지도 않고 골고루 나눠 주는 것이다.

얼핏 보면 웨일의 주장과 비슷해 보이지만 이 둘에는 큰 차이가 있다. 바로 데이터 제공에 대한 대가를 받되 기여한 만큼 받느냐 모두가 균일하게 받느냐의 차이다. 양질의 데이터를 많

데이터에 대한 두 관점의 비교		
이슈	자본으로서 데이터	노동으로서 데이터
소유권	기업	개인
유인력	기업가 정신	일상적 기여
일의 미래	보편적 기본 소득	데이터(를 생산하는) 일
자존감의 원천	일 너머에	디지털 존엄성
사회 계약	무료 데이터에 대한 무료 서비스	데이터 노동시장을 창출할 균형력

출처: Ibarra et al., 2018

이 제공한 사람과 그렇지 않은 사람이 같은 돈을 받는다면 굳이 양질의 데이터를 생산할 사람이 누가 있을까? 적절한 보상이 따르지 않으니 사용자의 입장에서는 시간과 정성을 기울여 양질의 데이터를 제공할 필요를 느끼지 못할 것이다. 이는 결국 양질의 데이터로 학습하는 인공지능의 효율성을 떨어뜨리고 데이터를 기반으로 하는 산업의 발전을 저해하게 된다.

이런 이유로 웨일과 그의 동료들은 노동으로서 데이터를 유통시키고 데이터 생산에 기여한 노동의 몫만큼 보상할 것을 제안한다. 이러한 제도에서는 더 이상 무료 서비스에 대한 무료 데이터 제공이라는 사회적 합의가 유효하지 않다. 그보다는 데이터 생산 활동을 노동 시장에 포함시켜서 전통적인 임금노동 시장의 쇠퇴를 보완해야 한다.

데이터가 노동으로 유통되는 사회에서는 데이터의 소유권은 자본가가 아닌 디지털 시민 개개인에게 있다. 그들의 활동은 소비가 아닌 생산 활동으로서 존엄성을 회복하고, 궁극적으로 시민들이 더 가치 있는 데이터를 생산할 유인력을 높일 것이다.

고립되어 소멸할 것인가
개방하여 생존할 것인가

플랫폼을 둘러싼 경쟁에서 어떤 기업이 궁극적으로 살아남아 시장을 지배하고 엄청난 이득을 누릴지는 미리 정해져 있지 않다. 플랫폼을 지배하는 기업들은 단지 남들보다 빨리 시장을 선점해서 경쟁 우위를 장악한 것이 아니다. 그들은 수요자인 고객의 관심과 요구를 정확히 잘 파악하고 그에 대응하는 서비스를 시의적절하게 제공하는 알고리즘을 성공적으로 개발한 기업들이다.

조직은 근대사회의 형성과 발전을 이끌어 온 동력이자 그 시대를 대표하는 사회적 발명이라고 할 수 있다. 관습과 전통이라는 굴레에 얽매였던 전통 사회와는 달리 근대사회에서 개인은 스스로 조직을 만들어서 뜻하는 바를 이루어 나가기 시작했다.

조직은 이후로도 사회경제적·기술적 환경의 변화에 따라 많은 부분이 달라졌다. 그중 하나가 내적 구조와 외적 경계의 변화다. 조직이 지향하는 목적이나 사회적 구성 측면은 큰 변화가 없지만 조직의 내적 구조와 외적 경계는 환경 변화에 따라 계속 발전을 거듭해 왔다.

조직이 처음 등장할 무렵 조직의 내적 구조는 대부분 관료제였고 엄격한 위계와 분명한 규칙 체계를 갖추고 있었다. 그러나 이후의 조직은 관료제의 단점을 인정하며 보다 유연하고 위계적 격차를 줄인 구조로 바뀌었다.

외적 구조도 마찬가지다. 처음에는 외부와의 엄격한 경계를 요구했고 필요한 요소 대부분을 조직 내부에 두려는 폐쇄적 체계의 특성을 지녔다. 이후 시간이 흐를수록 조직 경계는 점점 더 느슨해졌고 그 경계를 중심으로 환경과의 교류와 교환이 일어나는 개방적 체계로 바뀌어 왔다.

불확실성에 대응한 맞춤형 조직이 요구된다

집이나 건물을 지을 때 내부 구조를 어떻게 설계하느냐에 따라 공간 활용도가 달라진다. 조직은 단순히 공간 활용의 차원을 넘어서는 효율성을 요구하기에 더더욱 구조를 설계할 때 신중해야 한다.

조직 구조 정하기는 업무의 분할과 상호 의존의 조정, 의사결정의 권한, 명령, 통솔, 보고의 계통 그리고 의사소통과 협력의 체계를 정하는 것이다. 조직 구조를 정할 때 주로 활용되는 기준은 다음과 같다. 구조를 공식화시켜 자리에 따른 권한과 책임을 얼마나 명확하게 할 것인가, 아니면 공식적 구조는 최소한으로 줄이고 비공식적으로 사람들 간의 상호작용을 통해 문제를 해결하도록 할 것인가? 얼마나 많은 위계를 만들어 의사 결정과 명령의 계통을 길게 할 것인가, 아니면 위계를 최소한으로 줄여서 권한과 책임을 업무 담당자에게 위임할 것인가? 그리고 역할 간의 상호 관계를 얼마나 많이 만들어 구조를 복잡하게 할 것인가, 아니면 상호 관계는 부서나 지역별로만 한정해서 전체 구조의 복잡성을 줄일 것인가?

막스 베버Max Weber의 관료제 논의 이후 조직 구조를 논할 때면 대부분 상황 논리를 따랐다. 즉 조직이 단순하고 변화가 적으며 기술이나 환경이 안정적이라면 엄격한 위계를 따르며 기계적으로 공식화된 구조를 선호하고, 반대로 복잡하고 변화무쌍하며 불확실성이 높은 환경과 기술을 가진 조직이라면 유기적이고 유연하며 수평적 협력이 가능한 구조를 선호한다.

조직은 시간이 흐를수록 시장이 글로벌화되면서 경쟁이 심해지고 환경의 불확실성이 높아진다. 이러한 흐름은 변화에 대응할 수 있는 더욱 유연한 조직 구조를 요구하기 때문에 엄격하게 고정된 관료제로부터 돌발적 상황 대응이 가능한 애드호크라시Adhocracy[1], 그보다 더 공식성과 위계성을 줄인 홀라크라시holacracy[2]에 이르기까지 일관된 방향으로 진화해 왔다.

더불어 정보 기술의 활용은 복잡성에 대응하는 가능성을 높여 주고 조직 내부의 통제를 손쉽게 도와주었다. 의사소통, 의사 결정, 업무의 통제와 조정 등에 정보 기술을 적극적으로 활용하게 되면서 조직은 복잡성을 줄이는 구조적 변화를 거듭했다.

조직 경계를 설정하는 일은 조직 구조를 정하는 것과 마찬가지로 조직의 업무 영역을 정하는 것과 관련된다. 어떤 업무를 조직의 핵심으로 볼 것이며, 어떤 업무를 부차적으로 볼 것인가를 정하는 일이 곧 조직의 경계를 설정하는 것이기 때문이다.

조직 경계 정하기는 크게 두 가지 면에서 생각할 수 있다. 하나는 조직 경계를 넓혀서 보다 많은 업무와 인력을 조직 내부에 둘지, 아니면 조직 경계를 좁혀서 핵심 업무와 인력만 조직 내부에 두고 나머지는 외부에 둘 것인지를 선택하는 것이다.

또 다른 하나는 조직 경계를 엄격하게 해서 조직을 외부 환경의 영향으로부터 보호하는 폐쇄적 입장을 취할지, 아니면 조직 경계를 느슨하게 하고 조직을 외부 환경 변화에 적극적으로 대응하도록 만들어 외부와 활발하게 연계할 것인지에 대한 선택이다.

20세기 중반 서구 사회에서 기업 조직 대부분은 흡수와 합병을 거치면서 경계가 확장되었다. 또한 조직은 환경 변화와 불확실성 증가로 인해 경계를 더욱 엄격히 했다. 환경의 불확

---

5 전통적인 조직 구조인 관료제와 대비되는 구조로, 주어진 과제를 해결하기 위해 다양한 영역에서 전문성을 지닌 사람들로 구성된 임시 조직 구조다.
6 관리자를 없애 위계에 따른 수직적 의사 전달이 아닌 구성원 모두가 동등한 위치에서 업무를 수행하고 의사 결정 하는 조직 구조다.

실성을 내부로 흡수함으로써 조직을 안정적으로 만들기 위해서였다. 하지만 이후 경쟁이 심화되고 불확실성과 환경 변화가 더욱 증가하면서 조직의 대응은 반대 방향으로 움직이기 시작했다. 조직의 핵심 활동과 역량을 내부에 두는 반면 나머지 활동과 인력은 외부로 내보냄으로써 규모를 줄이려고 했다. 더불어 외부화된 활동과 긴밀하게 협력하고 환경 변화에 빠르게 적응하기 위해 조직 경계를 느슨하게 하고 더욱 개방적으로 변하려는 시도로 이어졌다.

조직 구조 설계와 조직 경계 설정은 밀접한 관련이 있다. 우선 조직 경계가 확장되어 조직 규모가 커지면 조직 구조의 복잡성이 높아지고 이를 효율적으로 관리하기 위해 보다 위계적이 된다. 하지만 반대로 조직 경계가 줄어들어 조직 규모가 줄어들면 구조의 복잡성이나 위계성 모두 낮아질 가능성이 크다.

조직 경계의 확장과 축소 외에 엄격함과 느슨함도 구조와 관계가 있다. 조직 경계가 엄격하다는 것은 조직 통제에 철저한 규칙과 기준이 적용되는 점을 의미하며 구조도 보다 빈틈 없이 공식화된다. 반대로 조직 경계가 느슨하다는 것은 조직이 보다 유연하고 비공식적인 구조를 지닐 가능성이 크다는 점이다.

거래 비용과 불확실성이 조직 구조와 경계를 변화시킨다

앞서 살펴본 조직 구조 설계와 조직 경계 설정의 논리와 더불어 조직은 거래 비용과 환경적 불확실성 등의 변수에 의해 스스로 변화하고 진화해 왔다. 끊임없이 그리고 복잡하게 변화하는 환경에서 기업은 이렇듯 살아 있는 생명체처럼 유기적으로 적응하고 변화하려고 노력해야 한다. 그래야 생존하고 발전해 나갈 수 있다.

20세기 중반 서구의 성공적 기업들은 대량생산 방식을 활용해 규모의 경제와 범위의 경제를 실현하며 기업 규모를 빠르게 키웠다. 자동차 회사인 포드나 GM, 화학 회사인 듀퐁, 전자 회사인 GE 등이 좋은 예다. 미국에 이어 경제성장의 주도권을 잡은 일본의 기업들도 마찬가지였다. 자동차 회사인 도요타나 닛산, 전자 회사인 마쓰시타, 소니, 화학 회사인 미쓰이 등도 대량생산 방식을 적극적으로 받아들여 빠른 속도로 성장했다.

대량생산 방식에 기반한 급진적인 성장과 더불어 기업은 생산에 필요한 요소를 안정적이고 경제적으로 확보할 필요성이 커졌다. 이에 기업은 원료와 부품 확보를 위해 일부는 수직적 통합으로 기업 내부에서 생산했고, 나머지는 시장 거래로 외부에서 조달했다. 또한 기업에 특화된 훈련을 거친 인력을 유지하며 생산 라인의 안정적 운영을 도모하고자 내부에서 승진시키며 장기적인 인력 관리를 시도했다. 그 결과 20세기 중반에는 대규모 기업들이 외부 환경의 불확실성을 내부로 흡수하고 노동시장에서의 거래 비용을 내부노동시장을 통해 절감함으로써 조직 경계가 확대되었다.

20세기 전반 대규모 기업들의 조직 경계 확장은 조직 구조 면에서도 변화를 가져왔다. 기업 규모가 성장하면서 그에 따른 관리와 통제의 효율을 확보하기 위해 이른바 사업부의 다부문 Multi-Divisional 구조가 등장한 것이다. 지역적인 확장 및 사업 분야가 늘어나자 개발, 생산, 판매, 마케팅, 인사 등 기능적 부서들의 관할 범위가 너무 넓어져 관리가 어려워졌다. 이러한 문제에 대응하기 위해 기업은 각각의 기능을 각 지역이나 사업 부문별로 관리하는 구조를 갖추기 시작했다. 그 결과 조직의 성장에 따라 수직적 위계의 증가는 멈추고 수평적 확대가 진행되었다.

조직의 확장은 사업부제의 등장과 함께 스태프 부서도 확대시켰다. 조직 규모의 증가와 함께 법률 자문, 회계와 재무, 연구 개발 등 전사적 관점에서 스태프 기능이 필요해졌다.

이러한 기업의 규모 확대와 성장은 20세기 후반에 들어오면서 오히려 역전의 경향을 보인다. 기업은 더 이상 커지지 않고 되레 줄어들기 시작했다. 이들 기업의 규모 축소는 기업 활동 무대를 글로벌화하고 생산을 해외로 이전시킨 결과이기도 하지만, 동시에 경쟁의 심화 속에서 거래 비용 절감을 이유로 내부화했던 다수의 활동과 인력을 다시 외부로 내보낸 결과이기도 하다.

이 무렵 경영학 기업 전략 분야에서는 핵심 역량에 집중해야 한다는 주장이 등장했다. 원자재나 부품 같은 현물 또는 뛰어난 숙련성과 재능을 지닌 인력 등 기업 활동에 필요한 요소 중에 시장에서의 거래 비용이 높은 경우 조직은 그 요소를 조직 내부로 포함해 경계를 확장시켰다. 또한 정보 통신 기술의 발전과 함께 하청기업 중심의 공급 사슬 관리 체계에 대한 투자도 강조되었다. 인력 관리 면에서는 시장 상황의 부침에 유연하게 적응하기 위해 핵심 인력 확보에 총력을 기울이되, 그 밖의 인력은 외주화하는 방향으로 변화하기 시작했다.

이처럼 20세기 중반까지는 성장과 규모 확대를 통해 기업 경계를 넓히는 것이 일반적 추세였다면, 20세기 후반에는 반대로 규모 축소와 인력 외주화를 통해 기업 경계를 좁히는 것이 대세가 되었다.

조직의 경계 이동과 함께 그 경계에서 환경과의 접점을 관리하는 방식도 바뀌었다. 20세기 초중반까지 대부분의 기업 조직은 기업의 전반적 활동을 조직 경계 안에서 수행하도록 하고, 경쟁 우위를 부여하는 핵심 지식과 기술은 외부에 드러나지 않도록 노력했다. 또한 외부 환경의 불확실성을 미리 예측하거나 여유 자원의 확보 등으로 내부에서 충격을 흡수하는 방식으로 대응했다.

반면 20세기 후반부터는 기업의 규모 축소와 외주화가 진행되면서 기업 조직들은 내부 활동과 인력을 최대한 핵심 역량에만 한정했다. 대신 조직의 경계를 넘어 외부와의 연계를 지속적으로 늘리고 네트워크를 통해 조직의 비효율을 보완하려는 시도가 크게 늘어났다. 이로 인해 당시 조직 구조 측면에서 네트워크형 조직이 주목받았다. 네트워크를 활용해 기업 활동을 외부 환경으로 확장시키려고 시도함으로써 기존의 규모 확대에 따른 집적 효과를 대신하려는 의도였다.

이런 움직임이 활발히 일어나면서 20세기 후반부터 기업의 경계를 보는 관점도 크게 달라졌다. 20세기 초중반에는 외부 환경의 영향을 시장 변동이나 불확실성으로 보고 그 영향을 차단하기 위해 폐쇄적으로 조직 경계를 엄격히 통제했다. 그러나 이제는 적극적으로 외부 조직과 교류하며 생산, 연구 개발, 마케팅 등 여러 측면에서 협력, 공동 행동, 전략적 제휴를 도모하고, 궁극적으로는 이러한 네트워크를 일종의 생태계로 키우려고 애썼다. 즉 상호 보완이 될 전략적 가치를 가진 물적 자원이나 인적·조직적 역량을 서로가 적극적으로 활용할 수 있는 비즈니스 환경을 구축하려고 노력하는 중이다.

기술 발전이 조직의 벽을 허물고 문을 열다

거래 비용과 불확실성 외에 기업 조직의 경계 설정과 구조 설계에 영향을 미치는 또 다른 요인으로는 기술을 들 수 있다. 기술적 요인은 크게 생산기술과 정보 기술로 나눌 수 있는데, 먼저 생산기술이 조직 구조에 미치는 영향을 살펴보면 다음과 같다.

생산기술은 기업 조직의 제품 생산이나 서비스 제공의 핵심적 기술로서 기술의 복잡성과 형태에 따라 다양한 수준의 상호 의존과 기술적 불확실성을 낳는다. 이럴 때 구성원 간의 소통과 협력이 필요한 상황이 생길 수 있어 여기에 대응하는 조직 구조로 변화해야 한다. 예컨대 기술적 불확실성이 독립적이고 서로 영향을 미치지 않는다면 모든 불확실성을 현장에서 대응하도록 권한과 책임을 분산할 수 있다. 하지만 서로 상호작용하고 영향을 주고받는다면 한꺼번에 모아서 대응할 필요가 있다.

20세기 중반 자동차 산업의 컨베이어 벨트를 이용한 분업화된 생산방식은 순차적 의존으로 불확실성을 높였고, 이에 대응하고자 대규모 조직들은 기술적 문제를 해결할 스태프 조직의 역할을 강조했다. 또한 예상치 못한 상황이 수시로 발생하는 금융 산업이나 연구 개발 중심의 조직에서는 대응을 위한 태스크포스팀 등을 지속적으로 만들었다. 이러한 스태프 조직이나 태스크포스팀은 기존의 라인 조직 즉 기능별 부서의 구조와 달리 그때그때 상황에 맞춰 유연하게 대응해야 해서 엄격한 통제나 규칙에 대한 강조가 약해진다.

한편 생산기술의 발전은 조직의 경계 설정에도 큰 변화를 가져왔다. 20세기 후반 생산기술의 복잡성과 불확실성이 더욱 높아지고 혁신의 속도와 범위가 급격히 커지자, 기업은 조직 내부에서 독자적으로 대응하기보다는 여러 조직이 힘을 모아 공동으로 대응하기 시작했다. 과거 기업은 자신의 기술과 지식을 핵심 자산으로 간주하며 외부의 모방이나 도용을 막기 위해 담을 높이 쌓고 폐쇄적으로 일했다. 그러나 기업 환경의 급격한 변화를 맞아 더 이상 독자적으로 기술과 지식 혁신을 리드하기 어렵다고 판단하게 되었고, 결국 생존과 성장 그리고 혁신을 리드하기 위해 서로 협력하며 그 성과를 공유할 필요성을 느꼈다.

그 결과 파도와 물결이 높아지고 커지면 배들을 서로 느슨하게 묶어 대응한다는 옛 중국 병법처럼, 기업들의 기술혁신 컨소시엄이나 전략적 제휴의 중요성이 높아졌다. 특히 통신 프로토콜이나 프로그래밍 언어처럼 기술적 표준이 중요시되는 정보 통신 분야나 기술혁신의 불확실성이 매우 높은 생명과학 기술 분야에서 기업이 함께 연합하거나 제휴를 맺고 불확실성에 공동 대응하는 것이 관행처럼 굳어졌다.

적극적 협력과 제휴의 필요로 기업의 경계가 약해졌으며 서로 지분 투자 등을 통해 부분적으로 경계가 개방되었다. 이전까지 조직에서 경계의 의미가 외부 환경의 불확실성이나 공격으로부터 보호하는 '벽'이었다면 이제는 외부 환경과의 교류와 소통을 위한 '문'으로 바뀌게 된 것이다.

일반적인 기업 조직 외에도 지식과 기술이 분야별로 나뉘어 전문가에 의존하는 병원이나 대학교 같은 조직에서도 벽을 허물고 문을 여는 변화가 일었다. 20세기 후반에 대학교 간의 교류와 교환, 병원 간의 협진과 인적 교류가 등장해 21세기에는 일반화되었다. 대학교에서는 교환학생이나 방문 교수 제도 외에도 공동 학위 수여나 화상 강의 등으로 국제적인 교류도 등장했고, 대학 병원이나 종합병원 같은 대형 병원 간에는 공동 연구 프로젝트 개발과 수행이 보편적인 일이 되었다.

생산기술이 복잡성과 상호 의존이라는 문제를 제공한다면 정보 기술은 조직의 구조와 경계에 대해 해결책을 제공한다. 예컨대 조직에서 정보 기술은 서로 상호작용하는 부서나 역할들 간에 소통을 활성화하고, 업무와 일정 조정을 편리하게 해 줌으로써 상호 의존 문제를 해결한다. 또한 정보 기술은 환경 정보 검색을 용이하게 만들어 의사 결정의 난점을 줄여 주는 역할을 한다. 그 결과 조직 구조상 감당하기 어려운 업무 과제와 상호작용의 어려움도 정보 기술을 이용해 해결되는 경우도 많다.

정보 기술의 발달이 경계 확장에 따른 조직 구조의 부담을 덜어 주기 때문에 결과적으로 조직의 경계 확장을 더 촉진할지도 모른다. 그러나 정보 기술의 영향력은 조직 내에만 국한되지 않고 조직 외부 환경의 불확실성과 그로 인해 발생하는 거래 비용을 줄이는 데에도 기여한다. 정보 기술을 제대로 활용하면 외부 환경, 특히 시장에서 원하는 물품이나 인력을 원하는 조건으로 획득할 수 있어 시장 거래의 탐색, 집행, 측정 비용 등이 모두 낮아진다. 정보 기술로 이러한 거래 비용을 낮출 수 있다면 물품이나 인력 등을 굳이 조직 경계 안으로 내부화해서 거래 비용에 대응할 필요가 없다. 이러한 변화는 결국 정보 기술의 발달이 조직 경계를 축소시킨다는 것을 의미한다. 예컨대 기업 조직 활동에 필수적이고 시장에서 구하기 힘든 생산요소라도 정보 기술만 잘 활용하면 적절한 조건에 구매할 수 있으니 외주화하면 된다. 1990년대 이후 정보 기술이 기업 조직의 공급 사슬 관리에 적용되면서 외주화가 늘어난 것이 좋은 예다.

액체화되는 조직의 구조와 경계

디지털 정보 기술의 발전은 인공지능과 데이터를 결합함으로써 혁신적인 자동화 시스템을 예고한다. 또한 사물인터넷과 3D 프린팅 같은 새로운 제조 혁명으로 물질계와 정보계가 결합한 사이버-물리 체계도 등장하고 있다. 이러한 변화는 기업 조직의 생산기술과 정보 기술이 하나로 결합해서 진화한다는 것을 의미하고, 그 결과는 기업 조직을 둘러싼 기술 환경에서 가속적이고 단절적인 변화로 나타난다.

일반적으로 전후의 흐름이 분명한 연속적인 기술 변화의 경우 기업은 변화를 예측하고 그에 맞게 대비한다. 하지만 흐름이 없는 단절적인 기술 변화에는 예측과 대비를 통한 대응 방식이 그다지 효과적이지 못하다. 예측이 힘드니 대비 역시 힘을 잃는다. 결국 급격하고 빠르게 변화하는 환경에 대한 적응은 다양한 대안을 탐색할 수 있도록 개방성과 유연함을 높일 때 성공 가능성이 커진다. 그로 인해 등장할 기업 구조는 한편으로 과학자들의 연구실을 닮을 수도 첨단 기술에 기반한 스타트업 기업을 닮을 수도 있다.

기존 조직이 이러한 변화를 성공적으로 이루는 것은 결코 쉬운 일이 아니다. 20세기 초반 전기가 도입되고 통신과 교통 체계가 비약적으로 발전한 이후 수많은 기업이 변화를 따라가지 못하고 사라졌다. 지금도 상황은 비슷하다. 유형·무형의 자원을 충분히 갖추지 못한 중소기업은 변화의 비용과 위험에 따른 어려움이 있을 것이고, 조직 규모가 크고 구조가 복잡한 대기업들 역시 불확실성과 모호함 탓에 변화를 주저하거나 변화 방향이 자신들과 맞지 않다고 생각할 수 있다.

결국 최근 혁신적인 디지털 기술의 발전은 기업이 환경의 변화 속도를 따라잡기 위해 조직 구조와 경계를 유연화하고 개방화하도록 만들었다. 고립되어 소멸할 것이 아니라면 기업은 개방하여 함께 생존하기를 선택할 수밖에 없다. 오른편 도표는 기업 조지에 대해 최근 디지털 트렌스포메이션이 요구하는 변화 내용을 구체적으로 나타낸 것이다.

이 도표에서 기업 조직의 내부적·외부적 유연화와 개방화, 공간의 분산화와 가상화는 급속한 변화 속도를 따라잡기 위한 필요 때문이기도 하고, 다른 한편에서는 기업 조직에서 일하는

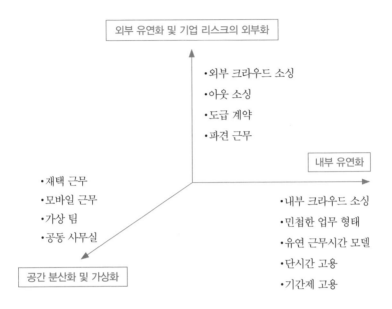

사람들의 경험, 의식, 가치를 반영하는 것이기도 하다. 2020년을 기준으로 전 세계 기업 구성원의 50%를 차지할 것으로 예상되는 밀레니얼 세대의 경우, 가상현실과 증강 현실을 통해 시공간의 경계와 물질계나 정보계의 구분을 넘나들면서 엄청난 변화와 이동에 익숙해졌다. 덕분에 새로운 상황에 대한 적응력이 높고 그 자체를 즐기는 경향도 있다. 디지털 트랜스포메이션을 어려서부터 겪어 유목민적 성향이 몸에 밴 디지털 원주민 세대에게 조직 구조의 유연화와 조직 경계의 개방화는 당연한 일이기 때문이다.

디지털 트랜스포메이션과 4차 산업혁명의 대표적 기업 형태 중 하나인 플랫폼 기업에서 일하는 방식과 이를 뒷받침하는 조직 모형은 이러한 점을 잘 보여 준다. 플랫폼을 둘러싼 경쟁에서 어떤 기업이 궁극적으로 살아남아 시장을 지배하고 엄청난 이득을 누릴지는 미리 정해져 있지 않다. 플랫폼을 지배하는 기업들은 단지 남들보다 빨리 시장을 선점해서 경쟁 우위를 장악한 것이 아니다.

그들은 수요자인 고객의 관심과 요구를 정확히 잘 파악하고 그에 대응하는 서비스를 시의적절하게 제공하는 알고리즘 Algorithm을 성공적으로 개발한 기업들이다. 즉 플랫폼 경쟁에서의 성공은 누가 먼저 도착하느냐가 아닌, 누가 제대로 자리를 잡느냐에 달린 것이다. 그렇기에 시장 변화를 빠르게 파악하고 대처해서 고객이 원하는 서비스와 기술을 제공하는 민첩성과 창의성을 가진 플랫폼 기업이 진정한 성공을 거머쥘 수 있다.

이 경쟁에서 이기려면 기업은 창의적 인재와 유연하고 자율적인 조직을 갖추고 고객 요구와 관심에 맞는 서비스와 솔루션을 신속하고 창의적으로 제공해야 한다. 미리 정해진 계획을 따르지 않고 고객과 유연하게 상호작용하며 창의적으로 일하는 대표적인 예가 소프트웨어 개발에서 널리 알려진 애자일 개발Agile Development 방식이다. 애자일 개발 방식은 최소한의 기능을 갖춘 베타 버전의 제품을 먼저 만들어서 사용자에게 배포하고 사용자의 의견을 널리 수집한 다음 이를 바탕으로 문제점을 개선하는 작업을 반복한다.

애자일 개발 방식이 적용되는 조직 구조는 앞서 말한 홀라크라시가 많이 언급된다. 자율적이면서 자급자족적인 결합체라는 의미의 홀라시Holachy에서 유래된 이 용어는 기존의 조직 구조의 기본적인 위계Hierarchy와 대비된다. 간단히 설명하면 홀라크라시는 조직의 위계질서를 완전히 파괴하고 수평적 자율 경영을 도입해 역할과 팀을 중심으로 운영함으로써 모든 직원이 동등한 위치에서 같은 책임을 지고 일하는 구조다. 기존의 위계 구조가 부서 안의 수직적 직급으로 구성된다면 홀라크라시에는 수평적 서클에서 같은 직위에 상하 개념 없이 일하는 구성원들이 있다. 홀라크라시의 실험은 온라인 신발 유통 업체인 자포스Zappos 최고 경영자 토니 셰이Tony Hsieh가 기존 위계 구조를 허물고 수평적 서클들로 하여금 스스로 자율적으로 업무를 수행하게 하면서 이루어졌다. 그 결과는 성공과 실패 반반이었지만 이후 많은 조직들이 관심을 갖고 홀라크라시를 도입하려는 시도가 이어지게 되었다.

대체 불가능한
직원은 없다

━━━━━━━━━━━━━━━━━━━━━━◯━━━━━━━━━━━━━━━━━━━━━━

기술의 발달은 단순 제조를 벗어나 더 많은 영역에서 기계와 인공지능 로봇의 활용을
이끌고 있다. 무인 주문 결제기인 키오스크는 여러 상점에서 고객의 주문을 받고 결제
를 해 준다. 일본에선 현관까지 스시를 배달하는 택배 로봇이 음식 배달 직원으로 일
하고 있다. 어디 그뿐일까. 인공지능 로봇은 빌딩 속 사무실에서 사람 대신 화이트칼라
사무직으로 근무하고, 의사보다 더 정확히 암을 예측하는 인공지능 의사가 병원에서
더 크게 활약하고 있다.

정보 통신의 발달로 현재 우리는 삶의 다양한 영역에서 혁명
과도 같은 큰 변화를 맞고 있다. 골리앗같이 거대하고 견고하
던 결코 흔들릴 것 같지 않은 조직에도 큰 변화가 일고 있다.
조직의 경계가 점차 흐려져 유동적으로 변화하고 조직을 구성
하는 인간관계도 점점 느슨해지고 있다.

　이러한 장기적 변화의 추세를 살피며 세계적인 석학들은 다
가올 조직의 미래에 대해 두 가지 시나리오를 내놓았다. 사회
학적 시나리오와 경제학적 시나리오가 바로 그것이다. 사회학
적 시나리오에서는 새로운 기술이 인간 사이 초연결을 극대화

하고 공식적 규칙이 주는 효율성을 넘어설 것으로 보인다. 경제학적 시나리오에서는 인공지능이나 로봇 같은 기술이 인간 노동을 대체해 고용이 없거나, 플랫폼이라는 고용으로부터 독립된 조직이 유행하게 될 것으로 추측한다.

전자가 인간을 강조한 반면 후자는 인간 노동의 가치 하락을 강조하는 차이점이 있지만, 양측 모두 조직에서 인간이 차지하는 비중이 줄어들 것이라는 예측은 일치한다. 이에 반해 알고리즘에 기반한 새로운 조직 양식은 이 두 가지 전망에서 모두 벗어나 있다. 두 가지 이론 모두 조직 전체를 이끌어 가는 주체인 '사장'의 존재까지 부정하지는 않는다. 그러나 알고리즘 기반 조직 플랫폼은 사장이 없는 회사를 추구한다. 빅데이터를 기반으로 생성된 알고리즘이 대부분의 의사 결정을 대신할 것이며, 급기야 최고 경영자인 사장의 역할까지 완벽하게 수행할 것이라는 이야기다.

제아무리 기술이 발달한다고 해도 기업의 최고 결정권자인 사장이 없는 회사라니! 다가올 미래에는 이처럼 기존의 전통적인 사고의 틀로는 도저히 이해할 수 없는 일들이 벌어질 수 있다. 우리가 조직과 조직화된 사회에 대한 전통적 이해를 심각하게 재고해야 하는 이유가 여기에 있다.

관료제, 뿌리부터 흔들린다

현대 조직에 대한 사회학적 이해는 독일의 사회학자 막스 베버Max Weber의 관료제 이론에서 출발한다. 산업혁명과 국가 간의 대규모 충돌이 만연했던 20세기 전후 인류는 조직화 방식에 따라 목표 달성의 효율성이 결정된다는 것을 깨달았다. 그 결과 대부분의 조직이 분명한 위계질서와 과업 분담을 통해 효율성과 합리성을 극대화하는 관료제적 조직 구조를 선택했다.

사실 관료제는 우리에게 무척이나 익숙하다. 대부분의 회사 홈페이지에 그려진 조직도에는 관료제에 입각한 기준이 잘 나타나 있다. 대표이사, 부장, 과장 등으로 나타난 조직도의 점은 해당 직위의 권한과 책임을 그리고 이들 사이에 연결된 선은 결재 라인을 가리킨다. 따라서 점과 선으로 만들어진 조직도는 조직 내의 권한과 책임의 분포를 나타낸다.

그런데 여기에서 쉽게 간과되는 정말 중요한 핵심이 있다. 관료제는 정해진 선으로만 정보 소통이 이뤄지도록 강제한다. 즉 과장이 부장을 통하지 않고 곧장 대표이사에게 보고하는, 선의 연결을 뛰어넘는 소통이 암묵적으로 금지되어 있다. 위계적 정보 소통의 선을 따름으로써 조직 전체의 정보가 하나로 취합되고, 결과적으로 빠르고 효율적인 의사 결정이 이루어지기를 기대하기 때문이다.

이는 관료제적 형태를 받아들인 군대와 회사가 산업과 자본주의 시대를 열어젖힌 비밀일 것이다. 관료제는 산업혁명과 근대사회의 등장을 가능하게 만든 가장 중요한 역사적 요인 중 하나였다.

아이러니하게도 베버는 바로 그 합리성과 효율성 때문에 오히려 관료제적 조직이 실패할 것이라고 전망했고 실패 원인으로 두 가지를 제시했다.

첫째, 관료제는 인간을 고려하지 않는다는 점이다. 고도화된 관료제는 누가 그 자리를 채워도 작동할 수 있는 조직화 양식이다. 따라서 인간은 언제든 다른 인간으로 교체 가능한 도구적 자원이며, 이것은 조직에 대한 구성원의 충성심을 약화시키는 주된 요인이 될 수 있다. 나의 존재감이 인정되지 않는 회사에 충성을 다하며 열정을 바칠 사람은 많지 않다.

둘째, 관료제는 효과적인 집합 행동의 양식을 제공하면서도 궁극적으로 조직 내부의 의사소통을 단절한다는 점이다. 개별 부서 사이의 소통을 강제적으로 제한하기에 자유롭고 즉각적인 소통이 불가능하고, 이는 곧 조직 내부의 분절로 이어질 수 있다. 경제학자나 경영학자들이 주인-대리인 문제Principal-Agent Problem[7]를 지적하며 조직 실패의 주요 원인이 정보 비대칭성에

---

7 계약관계에서 권한을 위임하는 사람을 주인(Principal)이라고 하며 권한을 위임받는 사람을 대리인(Agent)이라고 한다. 이때 주인은 대리인에게 자신의 권한을 위임하면서 주인을 위해 노력해 줄 것을 약속받고 그에 따른 보상을 해 주기로 계약을 맺는다. 하지만 정보의 비대칭성으로 인해 대리인이 최선의 노력을 다하지 않는 도덕적 위해(Moral Hazard)가 발생하면서 주인의 경제적 효율성이 달성되지 않거나 피해를 입을 수도 있는데 이러한 상황을 가리켜 대리인 문제라고 한다. (출처: 〈한경 경제용어사전〉)

미국의 시스템 공학자 스콧 마티(Scott Matie)의 블로그에 나온 조직도. 업계의 일원으로서 오늘날 최첨단에 이른 IT 기업들조차 고전적인 관료제 구조에 있음을 풍자적으로 표현했다.

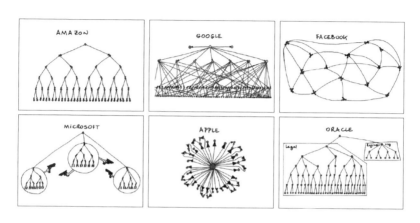

기인한다고 주장하는 것과 같은 이치다.

흥미롭게도 이 두 가지의 실패 요인은 상호 보완적이다. 첫 번째 요인으로 지적된 '인간과 노동의 소외'가 자유롭게 일어나면 두 번째 요인인 조직의 기능적 실패를 자연스레 해결할 수 있다. 인간이 제약 없이 고용되고 해고되는 환경에서 정보 비대칭성 문제는 잘 일어나지 않는다. 정보를 독점하는 사장(상사)과 상대적으로 정보에 약한 대리인(직원)이 존재할 수 없기 때문이다.

정보 비대칭성이 만연한 조직은 사실상 장기 고용을 통해 정보와 지식을 축적한 개인을 전제한다. 그런데 수시로 고용되고 해고되는 불확실성이 높은 환경에선 정보를 축적하고 독점할 만한 사람이 드물다.

생존을 위해 조직은 스스로 변화한다

20세기 중후반을 거치면서 자본주의 시장에서 고전적 관료제의 모습은 찾아보기 힘들어졌다. 효율성과 합리성 등 순기능에도 불구하고 그에 못지않은 역기능이 부각되었기에 조직은 스스로 그 구조를 변화시키면서 생존과 발전의 방향을 모색한 것이다.

고전적 관료제에서 벗어나려는 탈관료제적 조직들은 구조를 더욱 유연하게 변화시켜 조직 내 위계를 약화했고, 내부의 비공식적인 네트워크를 통해서 빠르고 실질적인 의사소통을 추구해 나갔다.

이처럼 관료제로 조직의 생존 방향을 찾던 현대의 조직들은 4차 산업혁명의 혁신적인 기술의 발전 앞에서 다시 한 번 변화의 물결과 직면하게 되었다. 4차 산업혁명의 기술혁신은 인간에 대한 의존성을 제거함으로써 기존 조직의 개념을 근원적으로 변화시키고 있다. 조직을 구성하는 인간과 인간관계의 구체성에 천착해야 조직을 더 잘 이해할 수 있다고 주장해 온 사회학자들은 인간이 사라진 조직 앞에서 무력함을 느낄 수밖에 없다.

반면 경제학자들은 이미 오래전부터 인간 중심 조직의 소멸을 꾸준히 주장해 왔다. 이런 이유로 경제학적 조직 이론을 진지하게 재고해야 할 필요가 있다.

조직(회사)의 발생을 거래 비용의 차원에서 이론화한 로널드 코스는 조직을 인간에 대한 수요의 관점에서 파악한다. 코스에게 있어서 조직이란, 관료제 이론과 달리 대체 가능성이 낮은 노동력 때문에 발생하는 것이다. 노동자는 직무의 복잡성과 기술 수준에 따라 다양한 대체 가능성을 갖는다. 어렵고 복잡한 직무를 탁월하게 해내는 대체 가능성이 낮은 사람들을 안정적으로 확보하기 위해서는 장기적인 노동계약을 맺는 것이 이롭다. 게다가 시장에서 이들을 구하기 위해 소요되는 거래 비용도 만만치 않기에 아예 조직을 설립해 이들을 내부화하는 것이다.

반대로 A가 아니면 B 혹은 C라도 상관없는 대체 가능성이 높은 노동자는 언제든 구할 수 있기에 일회적인 노동계약으로 충분하다.

이런 코스의 이론으로 조직과 인간의 수요를 바라볼 때, 4차 산업혁명 시대의 경영 기술이란 인간의 대체 가능성을 높여 불필요한 조직을 감소시키는 것으로 이해할 수 있다. 이것은 조직의 미래에 심대한 의미를 가진다.

만약 정보와 통신 기술이 인력 확보의 비용을 획기적으로 줄일 수 있다면 어떨지 상상해 보자. 조직 내부에 있던 인간이 모두 사라질 수도 있기 때문이다. 즉 기계와 로봇, 인공지능 등의 고도화된 기술이 인간의 노동을 대신하기에 부족함이 없게 되면 회사의 입장에선 굳이 관리하기 어려운 인간을 고용할 이유가 전혀 없어진다.

코스의 이론을 바탕으로 한 이 같은 전망은 이미 현실에서 하나둘 증명되고 있다. 청소와 설거지 등 집안일을 대신해 주던 로봇은 어느새 그 영역을 확장해 산업 현장의 한가운데서 인간의 역할을 대신하고 있다. 전원만 공급해 주면 지치지 않고 정확하고 신속하게 주어진 업무를 처리하는 데다, 불평불만까지 없으니 경영주의 입장에선 이보다 더 좋은 직원은 없다.

기술의 발달은 단순 제조를 벗어나 더 많은 영역에서 기계와 인공지능 로봇의 활용을 이끌고 있다. 무인 주문 결제기인 키오스크는 여러 상점에서 고객의 주문을 받고 결제를 해 준다. 일본에선 현관까지 스시를 배달하는 택배 로봇이 음식 배달 직원으로 일하고 있다.

어디 그뿐일까. 인공지능 로봇은 빌딩 속 사무실에서 사람 대신 화이트칼라 사무직으로 근무하고, 대학의 직원 채용 면접에서 인공지능이 사람 면접관 대신 등장하고, 인간 의사보다 더 정확히 암을 예측하는 인공지능 의사가 병원에서 더 크게 활약하고 있다.

고도의 지식과 기술은 물론 우직한 성실함에 인간의 섬세한 감성까지 장착한 인공지능 로봇이 월요일 아침, "오늘 하루는 출근하지 않고 푹 쉬었으면 좋겠다."는 인간의 소박한 투정에 "쭉 쉬세요. 이제 제가 대신할게요."라는 당돌한 대답으로 뒤통수를 후려칠 날이 머지않았다.

2장

미래, 어떤 세상이
펼쳐질까

새로운 권력,
뉴파워의 등장

오늘날 플랫폼 기업의 힘은 얼마나 많은 접속자를 갖는지에 따라 결정된다. 덕분에 넷플릭스, 페이스북, 유튜브 등은 일약 세계 제일의 기업으로 자리 잡았다. 수십만 팔로워를 지닌 개인은 정보 파급력이나 취향 확산은 물론이고 특정 상품 판매에도 막대한 영향력을 행사하는 새 지위를 가진다. 실제로 앞으로의 권력은 누가 더 많은 사람을 모으는가에 달려 있고, 이로써 미래의 승자가 결정될 가능성이 높다.

4차 산업혁명으로 인한 정보 통신 기술의 진보는 산업의 차원을 넘어 사회 전반에 영향력을 펼친다. 그 속도와 정도의 차이는 있을지라도 권력, 노동, 조직, 소통, 문화, 가치 등 사회의 모든 영역에서 심대한 변화가 나타나고 있다.

제러미 하이먼즈와 헨리 팀스는 그들의 저서 《뉴파워》에서 디지털 기술혁신이 초래하는 가장 큰 변화를 '새로운 권력의 탄생'이라고 주장한다. 조직에 기초한 구권력은 약해지고 기술 기반의 신권력이 대두되는 대전환이 일어나고 있으며, 현대는 이 두 권력이 각축하는 상황으로 이해될 수 있다는 것이다.

그들은 미국 할리우드 영화 산업의 거장 하비 와인스틴Harvey Weinstein이 누렸던 구권력이 여성들의 미투 폭로로 형성된 신권력의 비판 앞에서 무너진 사례를 든다. 또 환자들의 정보 공유와 권리 요구 운동이 의사의 전문적 권한을 통제하게 된 현상, IS 사태에 대해 미 국무성이 행한 강력한 제도적 통제가 여학생들의 정감 어린 호소만큼도 효과를 얻지 못한 것도 이런 권력 전환을 뜻한다고 설명한다. 한국어판 서문에서는 한국에서 벌어진 촛불 시위와 권력 교체, 방탄소년단을 비롯한 K-Pop의 선전을 신권력의 대두를 알리는 것이라고 지적한다.

더 많은 사람을 모으는 자가 승자다

구권력은 남과는 차별화된 나만의 전문성이나 기능을 가짐으로써 생기는 것이고 신권력은 남과의 연결, 공유, 대중적 활동으로 가능해지는 힘이다. 두 힘은 그 성격과 구성 원리가 대조적이다. 디지털 기술의 발달과 더불어 사물과 사물, 사람과 사물, 사람과 사람이 서로 연결되고 소통하는 초연결성Hyper Connectivity의 확대는 신권력을 보다 강력하게 만들고 그 영역을 더욱 확장한다.

　난공불락의 세계기업이었던 코닥과 모토로라는 기술혁신에 기반한 신권력 확보에 실패해 몰락하고 말았다. 인류 지혜의 총결집이라 불리던 브리태니커 백과사전은 그 오랜 경험과 투자에도 불구하고 위키피디아의 집단 지성이 가진 놀라운 위력 앞에 무릎을 꿇었다. 방대한 물리적 공간을 소유한 대형 매장들 역시 인터넷 플랫폼에 기초한 아마존과 알리바바의 힘에 여지없이 추월당했다.

"누군가와 함께 연결된다면 당신이 세계를 움직일 수 있는 힘이고 주인공이라는 사실을 잊지 말라."

제러미 하이먼즈가 한국어판 서문에서 강조한 말이다. 실제로 오늘날 플랫폼 기업의 힘은 얼마나 많은 접속자를 갖는지에 따라 결정된다. 덕분에 넷플릭스, 페이스북, 유튜브 등은 일약 세계 제일의 기업으로 자리 잡았다. 수십만 팔로워를 지닌 개인은 정보 파급력이나 취향 확산은 물론이고 특정 상품 판매에도 막대한 영향력을 행사하는 인플루언서, 크리에이터라는 새 지위가 만들어졌다. 실제로 앞으로의 권력은 누가 더 많은 사람을 모으는가에 달려 있고 이로써 미래의 승자가 결정될 가능성이 높다.

초연결의 확대로 인해 신권력이 대두된다고 해서 구권력이 모두 사라지는 것은 아니다. 실제로 신권력의 혁신적 등장에도 불구하고 여전히 구권력은 특정 영역에서 전통적인 영향력을 유지하고 있다. 심지어는 디지털 기술혁신을 적절히 활용해 구권력의 힘을 더욱 강화시키기도 한다.

뿐만 아니다. 신권력과 구권력이 공존하는 곳도 있고, 충돌하고 갈등을 빚는 현장도 있다. 또 신권력의 부상이 반드시 바

구권력의 가치 vs. 신권력의 가치	
구권력 가치	신권력 가치
공식적 통치, 위계 서열, 권위주의	비공식적 통치, 전원 참여, 자발적 조직화
경쟁, 배타성, 자원 통합	협력, 집단 지성, 공유, 개방적 재원 확보
기밀 유지, 재량권, 민간/공공 엄격한 구별	철저한 투명성
전문성, 전문가주의, 특화	창작자 문화, DIY 윤리관
장기적 소속감, 충성도, 낮은 참여	단기적 조건부 소속, 높은 참여

제러미 하이먼즈 헨리 팀스, 《뉴파워》, 44쪽에서 재인용

람직하고 선한 결과로 이어진다는 보장도 없다. 무분별한 정보 쏠림과 프라이버시 침해, 플랫폼 독재자의 출현, 정치적 포퓰리즘의 대두, 디지털 불평등의 심화와 같은 문제로 인해 외려 구권력에 대한 지지가 강화될 수도 있다.

이처럼 다양한 영역에서 구권력과 신권력이 각축하면서 경쟁과 협력, 소유와 공유, 공식적 통치와 비공식적 통치, 위계적 통제와 네트워크적 연계, 장기적 소속감과 단기적 조건부의 소속감, 전문가 중시와 창의성 중시 등 서로 다른 지향이 함께 존재할 가능성이 크다.

열린
네트워크의 힘

열린 네트워크 구조를 가진 네트워크형 조직은 전통적인 위계형 조직과 많은 점에서 차이가 난다. 전통적이고 위계적인 조직은 강력한 통제, 계획, 집중된 의사결정, 개별 전문가의 통찰력, 구체적 결과에 관한 관심 등을 중시한다. 반대로 열린 네트워크형 조직은 통제의 약화, 자발적 참여, 집단 지성 등을 중시한다. 그리고 네트워크의 힘은 신뢰나 정보의 흐름과 긴밀히 연관되어 있다.

4차 산업혁명은 기술혁명과 사회혁명을 동반한다. 그 핵심은 인간과 사물을 초월하여 네트워크가 무한 확대되는 초연결 사회다. 초연결 사회는 고정적 경계가 아닌 유동적 경계를 갖는 열린 시스템이다. 이 유동적 경계를 통해 정보와 에너지가 드나들고 외부와 내부가 연결되고 결합해서 이를 두고 '열린 네트워크'라 표현한다.

초연결 사회의 도래는 상상을 뛰어넘을 정도로 네트워크를 확장시켰다. 근대 네트워크가 주로 철도와 도로, 편지와 전보, 직접적 상호작용에 의존했다면 현대의 네트워크는 비행기와 고속철도, 전화와 인터넷 그리고 스마트폰을 이용한 네트워크의 확장을 가져왔다. 향후 5G 인터넷과 인공지능이 발달하면 이제는 인간의 인지나 지각의 범위와 상호작용의 폭이 넓어지고 깊어질 것이다.

초연결 사회의 등장과 네트워크의 변화

디지털 혁명으로 초연결 사회가 오면 조직의 형태와 기능에도 큰 변화가 나타난다. 변화의 핵심은 중앙 집중적인 닫힌 위계가 분산형의 열린 네트워크로 바뀌는 것이다. 이러한 변화는 정치적·경제적·사회적·문화적 차원에서 동시에 진행된다.

닫힌 위계와 비교하면 열린 네트워크는 사람과 아이디어를 빠르게 연결한다. 네트워크는 개방적이고 투명하기 때문에 분산된 상태에서도 서로 협력하게 만들 수 있다. 네트워크 구조는 전문성을 지닌 개인들이 지식을 나누고 자발적으로 공동의 목표를 위해 헌신할 수 있도록 돕는다.

열린 네트워크 구조를 가진 네트워크형 조직은 전통적인 위계형 조직과 많은 점에서 차이가 난다. 전통적이고 위계적인 조직은 강력한 통제, 계획, 집중된 의사결정, 개별 전문가의 통찰력, 구체적 결과에 관한 관심 등을 중시한다. 반대로 열린 네트워크형 조직은 통제의 약화, 자발적 참여, 집단 지성 등을 중시한다. 그리고 네트워크의 힘은 신뢰나 정보의 흐름과 긴밀히 연관되어 있다.

네트워크로의 전환은 중앙집권적인 기존 경제 체제를 탈집중화하고, 나아가 분산과 참여를 강화하는 방향으로 변화한다. 중앙 집중형 체제에서는 국가가 주도적으로 경제성장을 이끌었다면, 탈집중 단계에서는 대기업에 의한 독과점이 주도적인 형태가 되고, 분산과 참여의 시기에는 공유 경제가 확산될 것이다. 정치적 측면에서도 동일한 구조를 갖는다. 중앙 집중형 사회에서는 권위주의 정치가 지배적이지만, 탈집중 사회에서는 지방분권이 그리고 분산된 사회에서는 풀뿌리 민주주의가 중요한 정치 시스템으로 자리 잡을 것이다.

이러한 변화를 추동하는 힘은 기술 발전이다. 특히 컴퓨터의 계산 능력, 메모리의 집적 효율, 태양열의 발전 효율, 충전의 효율성, HDD/SSD의 저장 능력 등은 모두 배로 증가해 왔다. 컴퓨터의 계산 능력은 지난 수년간 급속히 발전하여 인간의 두뇌와 맞먹고 메모리의 집적 속도 또한 급격히 높아지고 있다. 머지않은 미래에 컴퓨터와 인공지능이 인간의 능력을 추월할 것이라는 예측이 나오고 있다.

초고속, 무지연, 대용량 전송이 가능한 5세대 인터넷이 본격적으로 활성화되면, 한 개인이 활용하는 IP주소가 급격히 늘어나게 되고 사물인터넷이 폭넓게 활용될 것이다. 사람들은 많은 기기를 동시에 연결해 활용하고 많은 정보를 저장할 수 있다. 사물인터넷이 만들어 내는 기록과 흔적이 빅데이터로 축적되

	중앙 집중	탈집중	분산
발전 방식	원자력 발전	지역 열병합 발전	태양광 발전
경제 조정	발전국가/관치	독과점	공유
정치	권위주의	지방분권	풀뿌리 민주주의
화폐	중앙은행 기반 화폐	지역 화폐	비트코인(블록체인)
시스템 구조	직접 서버 소유	퍼블릭 클라우드	P2P 기반 분산 시스템

면 마케팅과 고객 관리 영역에서 혁명적 변화가 이루어질 것이다. 사물인터넷 시대에는 하드웨어보다 소프트웨어가 중요해지며 특히 검색 기술이 비약적으로 발전해 냄새나 맛, 진동과 질감 같은 다양한 속성까지 검색이 가능해질 것이라는 예측이 나온다.

열린 분산 시스템은 다양한 산업의 성격을 근본부터 바꾸어 나갈 것이다. 그 대표적 사례로 자동차 산업의 변화를 들 수 있다. 석유를 연료로 하는 자동차 생산은 한계에 부닥쳤고, 전기 자동차로 매우 빠르게 대체되고 있으며, 일론 머스크에 의해 상용화가 시도된 전기자동차는 구글이 뛰어들면서 자율 주행 자동차 개발로 이어지고 있다. 테슬라 외에도 GM, 다수의 중국 기업 등이 전기차 개발에 참여하고 있는데, 자율 주행 자동차가 보편화되면 자동차의 공유가 활발해져서 전체 자동차의 숫자가 급속도로 줄어들고 효율이 높아질 것이다. 스스로 장애물을 인지하고 피해 가는 무인 자율 주행 자동차는 안전성이 높아져 자동차 사고를 크게 줄이고, 자동차의 크기 역시 줄어들 것이며, 자동차를 소유하기보다 빌리거나 구독하는 방향으로 전환이 이루어질 가능성이 크다.

교육에서도 초연결은 이미 조직에 큰 영향을 미치고 있다. 미국 아이비리그 대학뿐 아니라 한국의 유수 대학들도 경쟁적으로 무료 온라인 교육을 제공하기 시작했다. 오픈코스웨어 OpenCourseWare, OCW[8]는 전통적 교육기관이나 대학이 향후 근본적으로 변화를 겪을 것이라 예고한다. 현재의 교육은 정해진 연령대의 학생들을 대상으로 제한된 시간 안에 학습하도록 하는 모델이지만, 앞으로는 훨씬 빨리 그리고 일생 전반에 걸쳐 지식을 습득하는 일이 중요해질 것이다. 그러면 현재 닫힌 시스템으로 운영되는 대학들은 살아남기 어렵고, 열린 시스템으로 온라인과 결합하여 빠르게 지식을 제공하는 기관들로 대체될 것이다.

---

8   대학에서 실제로 진행되는 강의를 온라인을 통해 청강할 수 있게 만든 일종의 지식 나눔 프로그램이다. 미국의 MIT나 하버드 등 명문 대학들이 먼저 시작했고, 우리나라에서도 많은 대학이 오픈코스웨어를 실시하고 있다.

소셜 네트워크가
이끄는 조직 없는 조직화

대규모 조직들의 네트워크 활용은 사회 전체적으로 비대칭과 불평등을 더욱 강화하는 결과를 가져올 수 있다. 여기에 대비책을 준비하는 것도 중요하지만 절대 간과하지 말아야 할 것은 이제 개인이건 조건이건 네트워크라는 지렛대를 이용하지 않으면 원하는 결과를 얻기 힘든 시대가 되었다는 점이다.

근대사회에서 개인은 과거 전통적 사회에 비해 훨씬 자유롭고 자율적인 존재가 되었다. 전통사회에서는 가족이나 자신을 둘러싼 운명적 집단의 규범에 종속되고 억압된 존재였다. 이에 비해 근대사회에서 개인은 스스로의 선택과 노력으로 운명을 개척해 나갈 여지가 주어진 비교적 자유롭고 자율적인 존재인 셈이다. 물론 관습과 전통이라는 굴레에서 벗어난 추상적 가능성을 의미할 뿐, 각자 자신이 원하는 바를 이룰 수 있는 현실적 기초가 되진 못했다. 때문에 근대의 개인은 자신이 목적한 바를 이루고자 할 때 조직을 적극적으로 활용했다.

19세기 후반 이후 서구 사회 대부분에서는 경제적 생산조직은 물론 의료와 복지, 교육과 훈련, 문화와 예술, 사회적 계몽과 운동 등 다양한 분야에서 여러 조직이 급속도로 생겨났다. 근대의 조직은 가족, 친족 중심의 전통적 조직과 달리 혈연, 지연을 뛰어넘어 같은 목적을 가진 다수의 개인에 의해 만들어졌다. 개인들은 자신이 정한 목적 달성을 위해 각자의 시간과 노력을 투자해서 조직을 만들고 유지하고 성장시켜 간 것이다.

조직이 우후죽순으로 등장하고 여러 사회적 기능과 역할을 맡게 됨에 따라 사람들은 예전에 혼자서 혹은 소규모 조직을 통해 해결하던 문제를 조직의 도움을 받아 체계적이고 안정적으로 해결하게 되었다.

근대사회, 개인과 조직의 비대칭성

전통 사회는 자신을 둘러싼 가족, 마을 등의 1차 조직에 의해 통제를 당하고 벗어나기 어려웠다. 반면 근대사회에서는 개인이 동시에 여러 다른 조직에 속하지만 이들 조직들이 서로 겹치지 않고 구별되며 독립적이다. 예컨대 개인은 가정에 소속된 채 학교를 다니고, 졸업하면 직장에 다니며, 언제든 필요에 따라 친목 단체나 사회단체에 소속되기도 한다. 개인이 속한 여러 조직이 전혀 중첩되지 않고 서로 독립적이기 때문에 개인은 조직에 전적으로 종속되지 않고 상대적으로 자유롭다. 한 개인이 속한 여러 조직은 그의 시간과 노력을 두고 경쟁과 견제를 한다고 볼 수 있다. 이러한 각 조직 간의 경쟁과 견제는 서로 간의 적절한 균형을 유지해 준다.

이처럼 여러 조직에 속하게 되면서 개인들의 자율성이 높아지고 개인주의가 보장되었다. 하지만 개인은 조직과의 관계에 있어 상대적으로 열세에 놓이는 경우가 많아서 비대칭적인 관계가 형성되어 있다. 조직이 개인에 비해 더 오래 지속될 가능성이 높고, 보다 많은 자원을 동원할 수 있으며, 정보의 수집과 처리 능력이 뛰어나기 때문이다.

예를 들어 직장인인 개인은 자신이 속한 직장에서 형식적으로는 고용주와 고용인으로서의 대등한 계약관계를 맺고 있다. 하지만 실질적으로는 훨씬 우월한 자원과 권력을 지닌 직장에 비해 취약한 지위에서 그 역할과 규칙을 통제받는다. 이는 비단 고용 관계에서만 드러나는 현상이 아니다. 병원에서 치료받는 환자나 학교에서 교육받는 학생 역시 의료나 교육 서비스를 주고받는 동등한 계약관계지만 현실에서는 조직, 즉 병원이나 학교의 처분에 따를 수밖에 없는 경우가 대부분이다.

근대사회에서 개인은 조직과의 비대칭적 관계를 극복하고 조직의 우월한 지위에 대항하기 위해 새로운 조직을 결성했다. 예컨대 직장에서 일하는 사람들은 고용주와의 비대칭적 관계를 조금이나마 대칭적으로 바꾸기 위해 노동조합 혹은 그 밖의 자치적 조직을 만든다. 학교에서는 학생회가 구성되어

학교와의 교섭이나 자치에 관련된 일들을 해결한다. 특정 기업과 지속적인 관계를 맺고 있지 않은 소비자들 역시 소비자단체를 구성해서 자신들이 부당하게 권익을 침해당했을 때 문제를 해결할 수 있는 기반을 마련하고자 한다.

조직과 개인 간의 비대칭성에 항거하며 개인들은 조직적 대응을 하기도 하지만, 새로운 조직을 만들고 이를 유지하는 것은 결코 쉬운 일이 아니다. 사람과 물자를 동원하는 과정은 많은 시간과 노력이 요구되고, 어렵사리 결성한 조직도 지속적으로 유지하는 것이 쉬운 일이 아니다. 때문에 필요가 생기거나 달성해야 할 목적이 등장할 때마다 매번 조직을 만들어 대응하는 것은 비현실적이다.

조직 없는 조직화로 대응한다

4차 산업혁명에 따른 변화로 소셜 네트워크가 중요한 화두로 떠오르고 있다. 인터넷과 스마트폰의 활용으로 언제 어디에서나 소통과 상호작용이 가능한 '소셜 네트워크'는 근대사회를 이끌어 온 위계적 조직의 대안이 되고 있기 때문이다. 전통 사회에 비해 개인의 자유가 늘어나고 조직의 형성을 통해 목적 달성이 용이해졌다지만, 근대사회에서 조직과 개인은 비대칭적인 관계를 극복하지 못했다. 이러한 문제를 해결할 대안으로 등장한 것이 바로 소셜 네트워크다.

소셜 네트워크가 어떻게 개인과 조직, 즉 다윗과 골리앗의 비대칭적 관계를 해결할 수 있는가는 뉴욕대학교 교수 클레이 셔키Clay Shirky의 '조직 없는 조직화'에서 조금 더 자세한 설명을 들을 수 있다. 그는 '조직 없는 조직화'의 사례로 2001년 필리핀에서 일어난 반정부 시위와 그 결과인 에스트라다 대통령의 사임, 2004년 스페인 반정부 시위로 인한 아스나르 총리의 퇴진, 2008년 한국의 반광우병 시위를 통한 미국산 쇠고기 수입 제한, 2016년 한국의 촛불 시위 등 성공한 여러 정치적 저항들을 제시한다. 더불어 2009년 이란의 녹색운동이나 2010년 태국의 레드셔츠 시위, 2015년 홍콩의 노란우산 시위처럼 비록 성공하지는 못했지만 대규모 시민 참여를 가능하게 했던 저항도 포함된다. 이 저항은 모두 모바일 문자와 SNS로 대규모 참여와 동원이 가능했던 사건이며, 기존 정치 조직을 활용하지 않고 시민의 자발적 정보 공유와 소통에 기반한 것이다.

그 외에도 셔키는 특정 집단이나 지역에서 긴급한 도움이 필요할 때 혹은 불공정한 사건에 항의가 필요할 때 스마트폰과 SNS를 통해 집단적 대응이 즉각 이루어질 수 있다는 점을 강조한다. 대표적인 예가 지난 몇 년 동안 미국과 한국을 비롯해 전 세계적으로 거센 물결을 일으켰던 '미투 운동'이다. 여성들은 성적 피해 사실을 SNS로 알리면서 해시태그(#)인 '#metoo'를 달아 피해 사실과 가해자를 향한 비판이 쉽게 검색되고 널리 퍼지게 행동했다. 이를 통해 광범한 인식 공유와 지지 동원이 가능했다. 미투 운동 이전에도 많은 여성 단체나 언론 매체에서 여성의 성적 피해 문제를 알렸지만 조직의 관료적 타성과 이해관계 탓에 적극적으로 대응하지 못했다. 그런데 스마트폰과 SNS를 활용한 미투 운동은 시민들의 직접 소통과 지지를 이끌고 빠르게 대중적 관심의 중심에 서게 되었다. 셔키는 이러한 새로운 현상이 조직 없이 SNS만으로 자발적 조직화가 이루어진 대표적인 예라고 말한다.

미국의 사회학자 제임스 콜먼James Coleman은 근대 조직을 개인의 자율성과 집합 행위를 통한 문제 해결을 가능하게 만든 일종의 '사회적 발명'이라고 설명한다. 반면 정보 사회학자인 미국의 마누엘 카스텔스Manuel Castells는 사회적 중심축으로 부각된 네트워크가 정보 통신 기술의 발전으로 근대 조직을 대체해 사회의 역동적인 변화를 이끈 사회적 발명이라고 말한다. 소셜 네트워크 사회에서 개인은 과거의 안정적 자아 대신 역동적인 정체성을 추구하며, 변화무쌍한 프로젝트 모임과 사회 운동에 참여한다.

이 변화는 조직과 개인의 관계에 대해 함의하는 바가 매우 크다. 근대 사회에서 조직은 볼록렌즈가 빛을 모아 발화하듯 개인의 활동과 물자를 집중해 문제를 해결하고 편익을 증진해 왔다. 하지만 네트워크 사회에서 조직은 과거와 같은 절대적 지위를 누리기 어려우며 끊임없이 재편과 변화의 도전을 받는다. 반면 근대사회에서 사회나 조직이 부여하는 자아에 구속되던 개인은 네트워크 사회에서 정체성을 공유하는 타인과 상호 작용하며 조직의 도움 없이 활발히 활동할 수 있는 기회를 누린다. 근대사회에서 개인과 조직 관계가 비대칭적이었다면 이 제는 네트워크의 작용에 의해 비대칭적 관계가 보다 대칭적으로 바뀌고 있는 것이다.

개인은 더 이상 조직을 두려워하지 않는다

관료 문화의 잔재 탓인지 민주화가 시작된 지 30년이 훌쩍 지난 지금도 우리는 공권력 앞에서 왠지 모르게 긴장한다. 게다가 알 수 없는 묘한 긴장감은 기업을 대할 때도 어김없이 발현된다. 특히 대기업은 내부 직원은 물론 계약을 맺고 협력하는 업체들에게도 맞서기 어려운 상대로 느껴진다. 실제 분쟁이 일어나거나 문제가 발생하면 직원이건, 협력 업체이건, 소비자나 인근 주민이건 기업을 상대로 따지고 문제를 해결하는 것은 어지간한 용기와 결단 없이는 힘들다. 그래서 공권력이나 대기업과 문제가 발생해도 웬만하면 맞서지 않고 회피한다. 노동조합이 없는 기업에서 노동조합을 만들려 하거나, 조직에서 상관의 부당한 대우나 성희롱, 괴롭힘 등에 문제 제기하려 하거나 아니면 상관의 잘못된 지시나 의사 결정에 이의를 제기하려 하면 대부분 깊은 고민 끝에 맞서기를 포기한다.

개인은 조직에 맞서 문제를 제기하기도 하지만 한편으론 조직 문제의 책임을 떠안기도 한다. 조직 전체의 문제나 사고가 발생했을 때 내부의 특정 개인이 이에 대한 책임을 모두 떠안고 징계받는다. 이때 해당 사건에서 최종 책임을 져야 할 직위의 사람보다는 그 아래에 있는 사람이 책임을 떠안는 것이 관행처럼 여겨진다. 예컨대 작업장에서 안전사고가 발생하거나 여러 직원이 공모한 부정과 비리가 발각될 위험에 놓이거나, 조직이 사회적 비난이나 비판을 받을 상황일 때, 가장 직접적으로 문제에 관련된 사람이 조직을 대신해 책임을 짊어지는 경우가 많다. 다수의 구성원들의 압력에 의해 개인에게 책임을 전가하는 것이다. 공권력을 행사하는 조직이거나 비밀을 지켜야 하는 폐쇄적인 특성이 강한 조직일수록 이러한 문제가 나타날 가능성이 더 커진다.

이처럼 개인이 조직에 맞서기를 두려워하고 조직의 문제를 뒤집어쓰기도 하다 보니, 개인은 웬만하면 조직의 문제점을 밝히거나 드러내기를 꺼린다. 괜히 조직을 건드렸다가는 오히려 자신이 피해를 보게 된다는 것을 본능적으로 알기 때문이다. 그 결과 개인은 조직의 문제를 잘 모르거나 전혀 신경 쓰지 않던 초기와는 달리 시간이 지나면서 문제에 침묵하거나, 혹은 더 적극적으로 참여함으로써 공범으로 변해 간다. 이러한 조직과 개인의 관계는 조직이 가진 문제를 개선하기는커녕 오히려 타성에 젖게 만드는 중요한 원인이 된다.

조직의 구성원들은 시간이 흐를수록 해당 문제와 관련해

"어쩔 수 없었다."는 집단적 합리화를 하거나 당연시함으로써 문제를 은폐하는 데 암묵적으로 가담한다. 이는 개인의 도덕성이나 정의로움과는 별개의 문제다. 때로 개인은 자연인으로서와 조직의 일부로서 판이하게 다른 모습을 보이고 다른 생각을 하기도 한다. 조직과 개인의 비대칭적 관계가 개인을 이중적으로, 위선적으로 만드는 것이다.

혁명에 가까운 디지털 트랜스포메이션이 일어나면서 사람들은 SNS 등 다양한 소통 채널을 활용해 더욱 빠르고 활발하게 정보를 주고받게 되었고, 필요에 따라 단단하게 하나로 뭉치기까지 한다. 이를 통해 조직과 개인의 일방적이고 비대칭적인 관계가 변화하고 있다. 과거에는 조직이 독점하던 의사소통 채널과 정보 확산의 통로를 이제는 개인들도 다른 방식으로 접근할 수 있는 가능성이 생겼다. 그렇다 보니 과거에는 개인들이 자신을 뒷받침해 줄 수 있는 외부 조직이 있어야만 조직에 조금이라도 맞서 볼 용기를 낼 수 있었는데, 지금은 조금 더 적극적으로 조직과의 문제에 직면하려는 경향이 나타난다. 특정 조직에 속해 함께 행동하거나 지원하지 않지만 SNS 등으로 문제점을 인식하고 지원을 보내는, 이른바 네트워크로 결집한 개인들의 존재가 좋은 예다. 이들은 조직의 피해자나 내부 고발자들이 알리고자 하는 정보를 널리 확산하는 역할과 함께 지지를 보냄으로써 다양한 형태의 도움을 제공한다.

정보 통신의 발달은 외부적 변화 외에도 기존의 조직들에서 큰 변화를 일으킨다. 과거에 비해 공론장이 확장되고 조직을 보는 시선이 늘어나면서 조직도 문제를 해결해 나가는 과정을 더욱 투명하게 공개하고 그 책임을 공정하게 판정하려는 자각이 높아지고 있다. 또한 구성원들에게 정보의 공유와 공개의 필요를 느끼고 이를 실행하는 조직들도 늘어나는 중이다. 더불어 최근 정부에서 정보공개를 강조하는 흐름이 생겨나는 것, 기업에서 사회적 책임의 일환으로써 사회 공헌뿐 아니라 기업의 정보공개와 절차적 투명성을 높이려 시도하는 것 역시 이러한 변화 중 하나다.

그 결과 개인은 거대 조직과 맞서는 일이 결코 불가능하지 않다는 희망을 얻게 됐다. 덕분에 조직의 부당함에 맞서거나 조직 내부 문제를 알림으로써 조직의 변화를 요구하는 시도가 다양한 영역에서 등장한다. 개인이 조직에 무조건 굴복하지 않고 뜻을 같이하는 여러 개인이 뭉치면 조직을 바꿀 수도 있다는 믿음 또한 점점 커지고 있다.

네트워크라는 지렛대를 적극 활용하라

근대적 조직과 개인의 비대칭성이 깨지고 보다 대칭적으로 사회관계가 바뀌는 것을 잘 보여 주는 예는 정치적 저항이나 비영리적 분야의 활동이다. SNS를 통해 힘을 얻은 개인들이 자발적으로 모여 공동의 목표 달성을 위해 적극적으로 활동하는 것은 세계 여러 분야에서 볼 수 있다. 학계의 공동 연구나 예술계의 협업은 이전에도 많이 있었지만 이제는 사회 여러 분야에서 다양하고 활발하게 시도된다. 더불어 개인들이 자발적으로 뭉쳐 형성한 소셜 네트워크로 거대 조직에 도전하거나 더 우월한 성과를 내는 일도 많아졌다.

일과 고용의 측면에서도 비대칭성이 대칭적으로 바뀌는 현상이 나타난다. 대표적인 예가 독립적 프리랜서들의 약진이다. 정보 통신 기업에 소프트웨어 개발이나 프로그램 코딩의 전략적인 핵심 업무에 투입되는 고급 인력 중에는 프리랜서로 프로젝트에 참여해서 일하고 고액의 보수를 받는 경우가 많다. 미국의 대기업들에서도 일정 기간에 한정해서 기업 회생에 집중하는 임원이나 최고 책임자로 일하는 이른바 슈퍼 비정규직 Supertemp 역시 비슷한 특성을 보인다. 이들은 모두 직장에 매이기보다는 문제 해결과 성과 창출에만 신경 쓰고 자유로운 삶을 즐긴다.

물론 위의 예시처럼 아직은 프리랜서가 조직과 대칭적 관계를 유지하기 위해서는 핵심 업무에 투입되는 고급 인력이라는 전제가 따른다. 하지만 이 역시 과도기적 현상일 수 있다. 프리랜서로서의 개인이 기업이 모셔갈 만한 탁월한 능력만 갖춘다면 진정한 의미에서 조직과 대칭적 관계를 유지하는 것은 그리 힘든 일이 아닐 것이다.

한편 네트워크가 조직과 개인의 비대칭을 줄이는 데 크게 기여해 왔지만 언제나 다윗 즉 개인의 편에서만 작동하지는 않는다. 골리앗들 역시 네트워크를 점점 더 활용한다. 대기업들의 상호 협력과 컨소시엄이 계속 늘고 있는 것도 같은 이유다. 대규모 조직들의 네트워크 활용은 사회 전체적으로 비대칭과 불평등을 더욱 강화하는 결과를 가져올 수도 있다. 여기에 대비책을 준비하는 것도 중요하지만 절대 간과하지 말아야 할 것은 이제 개인이건 조직이건 네트워크라는 지렛대를 이용하지 않으면 원하는 결과를 얻기 힘든 시대가 되었다는 점이다.

한계비용과
거래 비용의 제로화

한계비용이 제로가 되는 경제 환경에서 새롭게 주목받는 것이 낮은 한계비용을 기반으로 새로운 가치를 부가하는 비즈니스 모델이다. 즉 재화나 서비스를 소유가 아닌 접근의 방식으로 전환하며 공유 문화를 실천하는 사업 모델들이다.

21세기 발전의 추진력이 될 4차 산업혁명은 인공지능과 로봇의 활용으로 생산비용이 더욱 감소할 것으로 기대된다. 인공지능은 인간의 정신적 노동과 의사결정을 대체할 수 있고, 로봇은 인간의 신체적 노동을 대체할 수 있어 사회 전반적으로 인공지능과 로봇의 활용이 늘어날 것이다. 그로 인해 지금껏 생산에서 인적 자본의 활용으로 발생하던 비용이 크게 줄어들 전망이다.

인간의 신체적·정신적 능력을 생물학적으로 나노 기술이나 인공지능과의 결합을 통해 증강시키는 기술이 계속 발전하면 인간과 인공지능, 로봇은 상호 보완적인 관계로 결합될 가능성이 크다. 이와 더불어 사물인터넷으로 모든 것이 연결된 디지털 생태계가 등장하고, 초소형 컴퓨터와 결합한 하드웨어가 스마트한 디지털 생명체로 변화한다면 그간 인간 노동의 대가로 발생하던 생산비용은 눈에 띄게 줄 것이다.

4차 산업혁명에 따른 획기적인 생산비용의 절감을 두고 세계적인 경제학자이자 문명 비평가인 제러미 리프킨Jeremy Rifkin은 '한계비용 제로 사회'의 도래라고 표현한다. 그는 네트워크 인프라에 대한 고정 비용 투입이 완료된 상태에서 한계비용[9]은 대부분 미미한 수준에 머물 것이라고 예상한다.

수요와 공급을 연결하는 플랫폼 기업의 등장

한계비용이 제로가 되는 경제 환경에서 새롭게 주목받는 것이 낮은 한계비용을 기반으로 새로운 가치를 부가하는 비즈니스 모델이다. 즉 재화나 서비스를 소유가 아닌 접근의 방식으로 전환하며 공유 문화를 실천하는 사업 모델들이다. 세계적인 숙박 공유 사이트인 에어비앤비, 차량 공유 서비스인 우버와 쏘카, 그린카 등이 대표적인 사례다.

4차 산업혁명 과정에서 디지털 기술의 발전은 경제적 거래

---

[9] 재화나 서비스를 한 단위 더 생산하는 데 들어가는 생산비용의 증가분이다.

비용을 크게 줄일 수 있을 것이라 기대된다. 그 대표적인 것이 블록체인 기술의 활용이다. 현재는 비트코인 등 디지털 화폐를 위한 암호화 기술로 주로 활용되는 블록체인 기술은 이용자들 개인과 개인 간의P2P: Person-to-Person 인증을 거쳐 직접 디지털 방식으로 신원과 신뢰의 문제를 해결한다. 덕분에 시장에서의 재화와 서비스를 사고파는 거래는 물론 사회적 의사 결정에서도 인증과 확인 절차를 간단하게 만들 수 있게 된다. 그러면 정보의 불균형과 불확실성 탓에 발생하던 여러 문제가 해결되고 거래 비용 또한 크게 절감할 수 있다. 게다가 그간 신뢰가 부족해서 이루어지지 못했던 다양한 협력과 공동 작업이 사회 전반적으로 가능하게 되고 기회비용까지 줄일 수 있다.

20세기 초반 기업의 경쟁 우위는 단연 대량생산을 통한 비용 절감의 효과를 이끄는 규모의 경제였다. 이에 비해 21세기 현재의 경쟁 우위는 플랫폼이다. 플랫폼은 수요자 측면에서의 규모의 경제라고 할 수 있는데, 온라인 디지털 환경에서 접근, 복제, 배포의 한계비용이 무한대로 줄어들 경우 수많은 이용자가 특정 플랫폼에서 제공하는 소프트웨어나 콘텐츠, 서비스 즉 정보재를 활용함으로써 이용자 가치가 기하급수적으로 증가한다. 그 결과 이 콘텐츠나 서비스를 제공하는 기업에 수확 체증적 경쟁 우위를 제공한다. 많은 사람이 이용하는 정보재는 이를 통해 연결된 더 많은 이득과 경쟁 우위를 가져오기 때문이다. 정보 경제에서 네트워크 효과라고 부르는 이 수확 체증

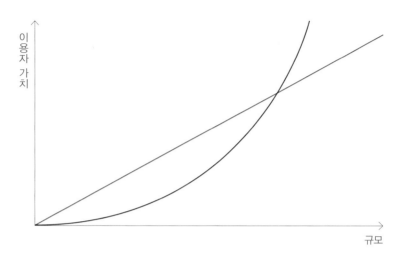

매출 규모와 이용자 가치에 따른 수확 체증적 효과와 기업의 이득 변화

이용자 가치

규모

적 효과는 위의 그림에서 검은색 선으로 표시된 것과 마찬가지로 매출 규모가 커질수록 이용자 가치 및 기업의 이득이 기하급수적으로 늘어난다. 대표적인 예가 스마트폰 OS 시장을 양분하고 있는 애플과 구글 그리고 페이스북 등이다.

플랫폼은 온라인뿐만 아니라 온·오프 라인의 결합, 즉 O2O Online-to-Offline에도 존재한다. O2O 플랫폼은 시장에서 수요와 공급 양쪽을 매개하면서 수요자와 공급자 어느 한편에서의 폭발적 증가가 다른 편에서의 폭발적 증가를 유발하게 함으로써 그 중간에서 이득을 취한다. 예컨대 이동 혹은 숙박 수요자들을 모바일 앱으로 모아 중개할 때 수요자의 규모가 크면 보다 많은 서비스 제공자들이 참여하게 되어 양면에서 모두 네트워크 효과를 거둘 수 있다. 이런 수요와 공급 양면 네트워크Two-Sided Network 효과를 통해 플랫폼의 경쟁 우위를 누리는 기업들의 대표적인 예는 우버, 에어비앤비, 알리바바 등을 들 수 있다.

플랫폼은 양면 네트워크 효과를 통해 이전과는 전혀 다른 차원에서 비용 절감과 수익 증대를 누릴 수 있다. 비용 절감 측면에서 볼 때 네트워크 효과와 규모의 경제 외에도 현물 자산의 보유와 관련한 비용도 줄일 수 있다. 우버, 에어비앤비 등의 기업은 기존의 업체들과 달리 현물 자산을 보유해야 할 필요가 없어서 이와 관련한 구매 및 관리 비용 등을 부담하지 않아도 된다.

물론 현물 자산 관련 비용을 쓰지 않는다는 것은 기업에만 해당이 되는 이야기다. 우버는 자동차 구입과 관리를 운전자가 부담하고, 에어비앤비는 주택이나 숙박 시설의 구입과 관리를 임대자가 부담한다. 즉 사회 전체의 관점에서 볼 때는 그 비용이 누구에게 부담이 되는가에서 변화가 있는 것이지 비용의 전체 규모가 변하는 것은 아니다.

한계비용과 거래 비용의 제로화가 이끄는 공유 경제

한계비용이 제로에 가까워진 결과 등장하는 또 하나의 전망은 급속한 공유 사회로의 이행이다. 전통적으로 공유 경제를 바라보는 견해는 비관적이었다. 생물학자이자 생태학자인 개릿 하딘Garrett J. Hardin은 '공유지의 비극'에 대한 연구에서 개인들이 자기의 이익을 우선하는 과정을 통해 사회의 공유 자원을 마구잡이로 사용해 결국 사회 공유재가 고갈되는 문제점이 발생함을 보여 주었다. 그럼에도 불구하고 정치경제학의 선구자인 엘리너 오스트롬Elinor Ostrom은 '공유지의 비극을 넘어' 가능한 조건을 탐색했다. 오스트롬의 분석에 따르면 합의된 관리 규약을 강요할 수 있는 제재와 처벌이 가능해지면 즉 공유 사회의 설계 원칙으로서 공유물 전용자의 한계를 설정하고, 할당할 노동과 재료, 금전, 사용할 자원과 장소, 기술 시간 규칙을 명시하고, 공동 결정과 수정 권한을 명료히 하고, 감시와 제재를 체계화하는 동시에 갈등 해결을 위해 신속하고 저렴한 중재 절차를 마련하고, 절차의 합법성을 정부가 승인한다면 공유 경제의 미래가 긍정적이라고 전망한다.

4차 산업혁명의 물살이 거세지고 네트워크에 기반한 초연결 사회로의 이행이 빠르게 이루어지면서 공유 경제도 활성화되고 있다. 모든 것을 소유하던 시대로부터 접근권과 사용권을 중심으로 한 사회로 바뀌어 가는데, 이러한 변화는 특히 젊은 층에서 두드러진다. 비효율적 고정자산에 대한 투자 대신 공유로 사용권을 늘리려는 경향이 강해지는 것이다. 오스트롬이 분석한 공유 경제를 가능하게 하는 조건들은 통제의 기술인 사물인터넷과 거버넌스의 기술인 블록체인에 의해 충족될 수 있다. 이러한 기술적인 부분이 만족스러울 수준으로 뒷받침되면 공유 경제 또한 더욱 성장할 것으로 보인다.

거래비용의 급격한 감소 또한 공유와 협력의 전망에 힘을 실어 준다. 요하이 벤클러는 정보 통신 기술 발달로 소통 비용이 줄고 다수 인구가 지식 노동을 하는 데 필요한 물적 자원을 분배하며 개인이 디자인과 품질 개선에 협력하되 기업이나 시장의 매개가 불필요해지면, 혁신과 생산, 크라우드 소싱, 온라인 노동시장 등 협동 생산을 가능하게 하는 대안적 조직 형태가 등장한다고 예고한다. 그는 이렇게 등장한 협동 생산이 위계적 기업의 대안이 될 수 있다고 본다. 거래 비용이 제로로 줄어들면 개념 구상과 해법 실행의 탈중심화가 가능해지고 이윤 추구 외에 다양한 동기 추구를 포괄하게 된다. 그리고 자산이나 계약으로부터 거버넌스와 관리가 분리되어 분산된 개인들이 직접 연결해 경제활동을 하는 협동 생산이 가능해진다는 것이다.

한계비용과 거래 비용의 제로화는 플랫폼적 과점과 공유 및 협동이라는 상반된 형태의 전망을 제시한다. 현재 우리에게 보다 많이 보이는 것은 거대 플랫폼 기업의 엄청난 지배력이다. 하지만 여전히 많은 사람들이 비용 제로의 효과를 기업이 독차지하지 않고 다수의 참여자가 나누어 갖는 공유와 협동의 미래를 희망적으로 바라보며, 부분적으로나마 이를 실현하려는 노력을 기울이고 있다.

소유에서 공유로,
소비에서 경험으로

미국의 여론조사 기관 해리스 그룹의 설문에 따르면 밀레니얼 세대 78%는 멋진 물건을 소유하기보다 멋진 경험에 돈을 지출하겠다고 했다. 표준화된 호텔이 아닌 현지인의 일상을 공유하며 다양한 경험을 하고 싶은 젊은 세대의 니즈를 잘 포착한 것이 에어비앤비의 주된 성공 요인이었던 것만 봐도 향후 공유 서비스 선호는 더 강해질 것이다.

언제 어디서든 필요한 순간 합리적인 가격으로 편리하게 자동차를 사용할 수 있다면, 그것이 내 것이든 내 것이 아니든 무슨 상관일까? 오히려 내 것이면 사용하지 않을 때도 부과되는 관리 비용, 보관 비용이 부담될 수 있다. 물론 이는 자동차에만 해당하는 얘기는 아니다. 사용하는 시간보다 그렇지 않은 시간이 더 많은 재화는 물론이고 내가 갖추지 못한 재능, 서비스 등을 타인과 함께 나누고 공유하는 것은 경제적인 이익뿐만 아니라 편리함과 자기만족감 등 다양한 긍정적 가치를 얻을 수 있다.

그렇다면 이러한 공유 경제의 확산과 성장은 우리의 삶을 어떻게 바꾸어 놓을까? 공유 경제가 지금까지의 속도와 규모로 성장한다면 소비자들의 소유에 대한 인식도 더욱 변화할 것이다. 소유하지 않아도 재화나 서비스를 이용할 수 있으니 사용 빈도가 낮거나 가격이 아주 높아 소유하기 어려운 재화를 중심으로 대여나 임대를 하는 경향이 강화되고 소유욕이 사라진 자리에 '경험'이라는 새로운 욕구가 채워질 것이다. 이 흐름은 젊은 세대를 중심으로 두드러질 것으로 예상된다.

미국의 여론조사 기관 해리스 그룹Harris Group의 설문에 따르면 밀레니얼 세대 78%는 멋진 물건을 소유하기보다 멋진 경험에 돈을 지출하겠다고 했다. 표준화된 호텔이 아닌 현지인의 일상을 공유하며 다양한 경험을 하고 싶은 젊은 세대의 니즈를 잘 포착한 것이 에어비앤비의 주된 성공 요인이었던 것만 봐도 향후 공유 서비스 선호는 더 강해질 것이다.

공유 경제, 네트워크를 통해 가치를 무한 확장한다

공유 경제는 수요자와 공급자 모두에게 경제적인 이익과 편리함 그리고 자기만족감 등을 줄 수 있다. 수요자는 재화의 추가적 생산이나 구매 없이 이미 생산된 재화와 서비스에 대한 접근권을 가짐으로써 저렴한 가격으로 다양한 선택을 할 수 있다. 그리고 공급자는 사용하지 않는 유휴 자산을 활용해 경제적 이익이나 자기만족감 등을 취할 수 있다.

공유 경제는 개인적인 만족감이나 가치 창출을 넘어 사회적인 부분에서도 기여가 크다. 생산된 자산의 활용률을 높이는 것은 유한한 자원을 절약할 수 있다는 측면에서 지속 가능한 경제에 기여한다. 또한 이 같은 효율적인 자원 활용은 환경을 보호하는 데도 큰 도움이 된다. 전문가들의 발표에 따르면 노트북 한 대를 만드는 과정에서 발생하는 쓰레기 양이 노트북 무게의 4,000배에 이른다고 한다. 게다가 노트북 한 대의 평균 사용 기간이 2년에 불과하다고 하니 자원의 낭비는 물론이고 환경오염을 염려하지 않을 수 없다. 비단 노트북만의 문제는 아니다.

공유 경제가 더욱 활성화된다면 불필요하거나 과도한 물품의 생산을 줄일 수 있고 환경오염 역시 줄일 수 있을 것이다. 특히 차량 공유 서비스는 자동차를 생산할 때는 물론이고 사용할 때 배출되는 오염 물질까지 줄임으로써 환경문제에 크게 기여할 것으로 보인다.

뉴욕대학교 교수이자 공유 경제 연구자인 아룬 순다라라잔Arun Sundararajan은 공유 경제의 성장이 경제 전반에 있어 소비자, 사용자, 개인, 대중의 역할을 강화할 것이라고 말한다. 즉 동료 소비자의 유휴 자산을 대여나 재판매, 재사용하는 경향이 커질수록 소비자들 간의 네트워크가 중요한 경제 주체가 될 것이라는 전망이다.

각 개인의 소규모 자본이나 자산이 네트워크로 모일 때 그 영향력은 엄청나게 커질 수 있으며 투자와 생산 방식에도 변화를 줄 수 있다. 소규모 물적 자본의 활용 가능성이 증대되기 때문에 소비자 중심, 대중 기반의 경제 시스템에 가까이 갈 수 있게 되는 것이다. 아룬 순다라라잔은 전통적인 기업 공급자만 참여하던 시장에 플랫폼에서 연결된 개인들이 참여함으로써 제품과 서비스의 다양성이 높아져 소비자의 선택의 폭이 커지고, 결국 상업적인 것과 개인적인 것의 경계 그리고 전문가와 비전문가의 경계가 유동적으로 변할 것이라 예측한다.

요크대학교 석좌교수 러셀 벨크Russell Belk는 수익을 추구하지 않는 비상업적 공유 경제의 경우 개인은 온라인 연결을 통해 혈족이나 이웃이 아닌 사람들과도 공동체를 형성하고 사회적 연대가 가능할 것이라고 말한다. 공유 경제에 참여하는 개인들은 대안적인 경제 시스템을 지지하고 지속 가능한 발전에 대한 가치를 공유하는 공동체를 형성할 수 있다는 것이다. 오픈 소스 소프트웨어에서는 실제로 사용자들 간의 유대가 존재하고 온라인상의 커뮤니티가 형성되곤 한다.

반면 상업적 공유 경제의 경우 사회적 연결이나 영향력, 이타성보다는 경제적 효용에 더 기울어져 있어서 공동체 형성이 어렵다. 상업적 공유 경제에서 사용자들은 익명으로 남고 싶어 하거나 일회성으로 참여할 때가 많아 지속적인 공동체를 구성하거나 온라인을 벗어난 공동체 형성에 한계가 있다는 연구가

이 주장을 뒷받침한다. 따라서 친족이나 지역 공동체가 아닌, 전혀 모르는 낯선 타인과의 상업적 공유 경제에서는 공급자와 소비자 사이의 신뢰를 어떻게 구축하는가가 핵심이 된다. 낯선 개인끼리의 거래에는 서로에 대한 사전 정보가 존재하지 않기 때문에 거래에 있어 불확실성이 높다. 이는 개인과 개인의 거래를 매개해 주는 플랫폼 기업이 등장한 이유이기도 하다.

현재 공유 경제 모델에서는 온라인 플랫폼을 통해 공급자와 수요자의 평판 조회를 할 수 있어 교환 규모와 시장 확대가 가능해졌다. 그러나 플랫폼 내의 평균 평판이 부풀려져 있어 정확한 정보와 신뢰도를 제공하기 어렵다는 의견도 있다. 이후 블록체인 등의 디지털 기술이 더 발전한다면 개인과 개인 간에 존재하는 불신을 해소하는 데 큰 도움이 될 것이다.

공유 가치의
생태계

아마추어인 개인 모두가 생산자, 투자자, 소비자가 되는 환경에서는 과거와 다른 가치가 중요해질 것이다. 즉 맹목적인 이윤의 추구보다는 공유 가치(사회적 가치)가 더욱 중요해진다.

소비자에게 어필할 수 있는 혁신적인 아이디어만으로도 창업이 가능한 세상이 열렸다. 물질적·사회적 자본이 부족하고 전문적인 지식이나 경험이 없는 사람도 탁월한 아이디어가 있다면, 창업을 꿈꾸거나 실제로 창업에 성공할 수 있는 환경이 조성되고 있다. 이는 누가 뭐래도 정보 통신 기술의 비약적인 발전 덕분이다.

과거에는 소수의 자본가 집단에게만 허락되던 창업과 경영의 높은 장벽이 낮아지고 허물어지는 창업의 민주화 환경에서 사용자는 곧 생산자이자 투자자가 되고, 생산자들은 또 다른 생산자들의 투자자 혹은 소비자가 될 수 있다. 이런 소비자 주도의 창업 생태계에서 미래의 창업은 현재와는 다른 양상으로 진행될 가능성이 크다. 그리고 아마추어인 개인 모두가 생산자, 투자자, 소비자가 되는 환경에서는 과거와 다른 가치가 중요해질 것이다. 즉 맹목적인 이윤의 추구보다는 사회적인 가치가 더욱 중요해진다는 말이다.

사용자가 이끄는 경제가 온다

이 같은 현상은 최근 스타트업 기업 중 빠른 성장세를 보이는 기업들이 대부분 소셜벤처의 성격을 띠고 있다는 점에서도 단초를 찾을 수 있다. 대표적인 예로 미국의 친환경 유아용품 제작회사인 어니스트 컴퍼니Honest Company, 소비자가 신발 한 켤레를 구매하면 아프리카에 한 켤레를 기부하는 탐스Toms 슈즈 등이 있다. 게다가 크라우드 펀딩 플랫폼 킥스타터는 근래 회사를 사회적 기업으로 전환하기도 했다. 국내의 경우 소셜벤처 엑셀러레이터인 소풍은 텀블벅, 자란다 등 소셜벤처의 성장을 돕고 투자함으로써 일반적인 벤처캐피탈이나 엔젤투자자들의 수익률에 비해 훨씬 높은 수익률을 보이고 있다.

현재 크라우드 펀딩 플랫폼에서 주목과 호응을 받고 있는 많은 프로젝트들이 경제적 가치뿐만 아니라 나눔, 공생, 환경 등 지속 가능한 발전과 공유 경제에 기반하고 있다는 점은 시

메이커 무브먼트 선언(Maker Movement Manifesto)

1. Make 만들라

2. Share 나누라

3. Give 주라

4. Learn 배우라

5. Tool up 도구를 갖추라

6. Play 가지고 놀라

7. Participate 참여하라

8. Support 후원하라

9. Change 변화하라

출처: 마크 해치 "The Maker Movement Manifesto: Rules for Innovation in the New World of Crafters, Hackers, and Tinkerers"

사하는 바가 크다. 전문 벤처 투자가들이 스타트업이 가져올 미래의 경제적 가치, 즉 투자회사의 수익률을 가장 중요한 기준으로 하는 것에 비해 대중 투자자는 경제적 가치뿐만 아니라 사회적 가치를 중요하게 고려하는 편이다.

미국의 대표적인 창업형 메이커 스페이스인 테크숍의 CEO 마크 해치Mark Hatch는 메이커 무브먼트의 특징과 정체성을 '메이커 무브먼트 선언'으로 정리했다. 이들은 전통적 생산자와 달리 재미있게 놀면서Play 배우는Learn 어린아이 같은 태도로 메이킹에 임하고, 자신들의 기술과 재능, 아이디어를 다른 이들과 공유하고Share 주는Give 것에 인색하지 않으며, 나아가 다른 이들을 후원Support하라며 대안적인 생산 시스템을 이야기한다.

메이커들은 그동안 과학기술이나 자본으로부터 일반 대중이 소외되어 왔다고 주장하며, 이제는 그 기술과 특권을 대중이 함께 공유해야 한다고 말한다. 이들은 전통적 위계 조직과 달리 느슨한 연대Weak Ties로 연결되어 있으며 수평적인 관계를 이룬다. 서로 조언을 얻고 조언을 하고 소수의 리더에 의해 운영되지 않는다. 느슨한 연결임에도 이들에게 공유와 협업은 미덕과 같다. 제품을 잘 만드는 메이커도 중요하겠지만 서로 돕고 나누는 메이커, 이타적인 메이커가 커뮤니티에서 인정받을 가능성이 더 크다.

메이커 무브먼트와 사용자 주도의 경제가 현재의 자본주의 시스템과 제도를 완전히 전복할 만한 변화를 가져올지는 쉽게 예측하기 힘들다. 하지만 초연결 사회에서는 분명 지금보다 더 강하게 소비자들의 힘과 목소리가 들려올 것이다. 따라서 기업의 생산 활동에 있어 소비자들의 역할이 훨씬 크게 작용할 것으로 기대된다. 이는 기업의 생산 활동이 부의 창출과 경제적 가치를 넘어 사회적 가치의 창출을 더 중요하게 여겨야 할 이유이기도 하다.

자율과 창의성에 기반한 창업의 민주화 현상이 확산된다면 어떤 사회적 가치가 중요해질까? 우선 전통적인 위계보다 개인 간의 수평적인 네트워크를 통한 생산과 소비가 이루어질 테고 효율성보다는 평등과 참여의 가치가 중요해질 것이다. 일반적으로 수직적 의사 결정에 비해 수평적 의사 결정은 비용과 시간이 더 많이 필요하지만 결정이 가져올 큰 위험성을 줄일 수 있다. 더불어 구성원은 참여 자체에서 주체로서의 의미를 찾고 동기를 부여받을 수 있다.

또한 개인 주도의 자율적인 생산 환경에서는 다양성과 창의성의 가치가 더 중요해질 것이다. 공장제 대량생산 방식이 아니라 개인의 아이디어에 기반한 자율적인 제품의 생산이 가능하기 때문에 다양하고 창의적인 제품이 만들어질 수 있다. 그리고 이들이 생산한 제품을 구매하는 소비자들 역시 표준화된 제품이나 서비스보다는 개성을 추구하거나 가치적 소비를 하는 등 다양한 취향과 의식을 지니고 있어 다양성과 창의성에 더 큰 가치를 부여할 가능성이 높다.

마지막으로 협동과 협력, 공유의 가치가 더욱 중요해질 것이다. 각 주체가 개별적으로 존재하던 전통적인 생산, 투자, 소비 시스템과 비교할 때 소비자가 생산자나 투자자가 되는 환경에서는 모두가 수평적으로 항시 연결되어 있다. 따라서 협동과 협력의 중요성은 그 어느 때보다 중요해진다. 또한 앞으로 나의 창작물이 지적재산권으로 보호받기에는 기술 발전의 속도가 급속도로 빨라질 수 있고, 너무나 다양한 제품이 쏟아져 나올 수 있어 배타적인 태도보다 모두가 나누고 공유함으로써 더욱 새로운 혁신을 꾀하는 일이 중요해질 것이다.

4차 산업혁명에 대처하는
두 가지 시나리오

예측이 쉽지 않아 미처 준비되지 못한 상태로 맞이하고 있는 4차 산업혁명을 대재앙을
동반하는 '쓰나미'로 볼 것인가, 적절한 준비로 피해를 최소화할 수 있는 '태풍'으로 볼
것인가는 분명하지 않다. 그러나 변화의 위력이 어느 정도인지와는 무관하게 대응 전
략을 마련하는 것은 필수이며, 더 나아가 두 가지 시나리오에 알맞은 맞춤형 전략도 미
리 짜둘 필요가 있다.

사물인터넷에 이어 만물인터넷까지 인터넷이 모든 것을 연결
하는 세상이 열리고, 빅데이터를 기반으로 한 인공지능이 인간
의 다양한 영역에서 적극적으로 활약하고 있다. 또한 개인과 조
직의 경계가 허물어지고 나아가 도시 간, 국가 간의 물리적 경
계까지 의미가 사라지고 있다. 뿐만 아니다. 노동의 플랫폼화를
통한 노동시장의 유연화, 공유 경제의 발달로 개인에게 더 많은
기회가 주어짐으로써 인간의 삶이 더욱 풍요로워지고 있다.

　정보 통신 기술의 발달이 이끄는 혁신적인 변화는 인간을
둘러싼 다양한 영역에서 긍정적인 발전을 지향하지만 사실 그

결과를 낙관적으로 바라볼 수만은 없다. 혁신의 또 다른 이름이 파괴가 아닐까 하는 염려가 등장할 만큼 개인과 조직 등 사회 전반에 걸친 여러 부정적인 결과도 예측된다.

물론 그런 예측이 단순한 불안감을 넘어 공포감으로 이어질 수준이라 해도 지나치게 비관할 필요는 없다. 기술 발전을 이끄는 것은 다름 아닌 '인간'이고, 기술 발전의 결과가 긍정이냐 부정이냐, 낙관이냐 비관이냐는 인간이 기술을 어떤 방향으로 활용할 것인가에 따라 결정되기 때문이다. 즉 인간이 어떠한 선택을 하느냐에 따라 기술 발전의 결과가 유토피아가 될 수도, 디스토피아가 될 수도 있다.

경시하지도 과장하지도 마라

21세기를 한 해 앞두고 개봉된 영화 〈매트릭스〉는 전 세계에 큰 충격과 공포를 안겨 주었다. 인공지능 컴퓨터가 인간의 생각과 마음을 지배하고, 그들의 전원공급을 위한 도구로 인간을 활용한다는 것은 꿈에서조차 상상하기 싫은 일이다. 그럼에도 전혀 불가능한 일이라 단정할 수 없는 만큼 발전에 따른 부작용을 예측하고 적절한 대응 전략을 짜는 일은 무척이나 중요하다.

예측이 쉽지 않아 미처 준비되지 못한 상태로 맞이하고 있는 4차 산업혁명을 대재앙을 동반하는 '쓰나미'로 볼 것인가,

적절한 준비로 피해를 최소화할 수 있는 '태풍'으로 볼 것인가는 분명하지 않다. 그러나 변화의 위력이 어느 정도인지와는 무관하게 대응 전략을 마련하고 나아가 두 가지 시나리오에 알맞은 맞춤형 전략을 미리 짜둘 필요가 있다.

우주 물리학자 스티븐 호킹Stephen Hawking은 인공지능이 인간의 지능을 넘어서면 인류는 우주로 피난 가야 할 만큼 생존의 위협을 받을 것이라고 했고, 일론 머스크는 인공지능을 통제하지 못하면 인간이 불멸의 독재자를 접하게 될 것이라 경고했다. 이처럼 4차 산업혁명의 결과를 '쓰나미'로 예측하는 사람이 적지 않다.

대형 쓰나미가 예상될 때는 매년 겪는 태풍과는 다른 대응과 준비가 필요하다. 4차 산업혁명이라고 지칭되는 이 기술 변화가 쓰나미와 같은 것이라면 사활적인 대응이 불가피하다. 혁명적이라 할 정도로 총체적이고 근본적인 대응을 해야만 살아남을 수 있다. 실제로 우리 주변에는 '토탈 체인지', '퍼펙트 체인지'를 부르짖는 각종 책자와 정책론이 넘쳐나고, 산업계에서는 이미 안팎으로 역동적인 변화가 일어나고 있다. 변화에 적극적으로 대응하지 못하면 역사의 뒤안길로 사라지는 것 외엔 별다른 선택지가 없다는 것을 알기 때문이다.

오랫동안 세계 최대의 부를 자랑하던 제조 기반 거대 기업들은 디지털 혁명의 흐름을 타지 못해 밀려나고 신생 플랫폼 기업들에 그 자리를 내어 주었다. 2019년 현재 상위 10대 기업만 보더라도 아마존, 구글, 페이스북, 애플 등 4차 산업혁명의 물결을 올라탄 신형 기업들이 대부분이다. 게다가 신생 플랫폼 기업들의 약진은 전통적인 제조 기반 산업에만 영향을 미친 것이 아니다. 유통이나 데이터, 매체와 언론 등 산업 전반에 걸쳐 힘의 구조를 바꾸었다. 아마존의 성장은 이마트를 비롯한 유통 기업의 지각변동을 수반했고, 구글의 지배력은 데이터 산업의 크고 작은 기업의 소멸을 동반했다. 유튜브나 페이스북과 트위터의 확산이 근대 매체 산업과 언론 기업의 지위도 뒤흔들고 있다. 심지어 인공지능과 증강 현실이 더 발전되어 정서적인 기능이 확대되면 영화 〈Her〉에서처럼 '인공지능 반려자를 만날 수'도 있어 가족제도나 남녀 관계에도 혁명적 변화를 초래할 수 있다는 주장도 나온다.

그런가 하면 다른 한편에서는 기술혁명의 충격을 너무 과장해서는 안 된다는 목소리가 높다. 기술혁신이 상당한 변화를 가져올 건 분명하지만 기본적으로 해마다 만나게 되는 태풍 정도로 보아야 한다는 것이다. 제아무리 기술적 환경이 바뀌어도 세상을 움직이는 제도와 법규, 시장과 권력의 속성은 결코 쉽게 변하지 않으며, 그로 인한 기존의 방식과 관행의 힘은 유지될 것이라 믿기 때문이다.

일례로 디지털 혁명 시대에 학벌이라는 변수는 점점 그 중요성이 약화되리라는 예상과는 달리 한국의 학부모들은 여전히 학벌주의의 강력한 힘을 믿는다. 혁신적이고 개방적인 교육의 시도들이 그다지 확산 효과를 발휘하지 못한 것은 힘의 불평등한 위계를 체질적으로 내면화한 기성 질서의 관성 탓이다. 2018년 JTBC에서 인기리에 방영된 드라마 〈SKY 캐슬〉에서 사교육 강사가 역설했던 유명한 대사인 "어머님, 저를 믿으셔야 합니다!"는 학벌과 경쟁, 권력과 돈이 지배하는 냉정한 현실은 결코 바뀌지 않는다는 세상의 믿음을 표상한다.

정보 활용과 소비 행태, 상호작용과 생활양식의 차원에서는 혁명이라 불릴 정도로 급격하고 혁신적인 변화가 일어나고 있음에도 불구하고 권력이나 돈이 갖는 힘, 법률과 제도가 규정하는 힘, 조직의 차등적 위계질서는 크게 달라지지 않았다.

횡적 네트워크가 확대되고 정보 활용의 기회가 높아진다고 해서 사회적 불평등이 사라지는 건 아니다. 오히려 디지털화가 급속히 진전된 지난 10여 년간 사교육 열풍과 취업 경쟁은 더욱 격화되고 사회 곳곳에 내재한 불평등과 양극화는 더욱 심해졌다. 스마트폰의 위력과 내 집 마련의 어려움, 노령 세대의 빈곤 문제는 별개로 작동한다. 인공지능과 로봇의 등장으로 정당의 활동, 선거의 방식이 달라지지는 않으며 학교의 수업 방식과 노조의 이익 투쟁을 바꾸지 못한다. 인터넷 플랫폼이 제공하는 새로운 활동 공간을 기반으로 자유롭고 창의적인 미래를 설계하려는 꿈은 정규직과 비정규직을 나누는 현실의 제도적 차별과 불안정 노동 계급으로 전락할지 모른다는 불안감 앞에 대부분 힘을 잃는다. 공유 경제를 표방하는 플랫폼 비즈니스

기획은 기존 업종 종사자 및 노조의 엄청난 저항 앞에 종종 무력화되고, 빅데이터를 강조하는 정부의 슬로건에도 불구하고 관료 조직의 법적·행정적 규제력은 좀처럼 변하지 않는다.

물론 이런 모습은 과도기적 현상일 것이다. 그러나 분명한 것은 이 현상을 어떻게 관리하고 대응하느냐에 따라 결과의 방향도 크게 바뀐다는 사실이다. 관행과 관성이 힘을 발휘하는 기성 제도 영역과 첨단 기술에 추동되는 새로운 혁신 영역이 공존하는 다소 모순적인 상황은 당분간 지속될 것으로 보인다. 그러니 기술혁명의 효과를 경시해서도 안 되지만 지나치게 과장하는 일도 피해야 한다. 스마트 공장을 만드는 것은 가능하고 또 효율적일 수 있지만, 학교나 교회를 스마트화하는 데는 논란이 동반되며 스마트 정부나 스마트 사회를 만드는 것은 더더욱 어렵고 시간이 걸리는 일이다.

따라서 이 흐름을 두고 그 강도를 논하며 쓰나미인가, 태풍인가를 따지는 것보다 더 중요한 것은 분명한 대응 기준을 마련하는 일이다. 국가의 성격, 정치의 방식, 조직의 규율, 인간의 심성, 문화적 가치까지 중대한 변화가 오고 있음을 직시하면서 변하는 것과 변하지 않는 것, 바꿔야 할 것과 지켜야 할 것에 대한 총체적 판단을 해야 한다.

어떻게 대응할 것인가

디지털화가 가져오는 혁신적인 변화가 재앙이 아닌 축복이 되려면 조직은 '어떤 조직 형태를 추구하고 어떤 가치 지향을 강조하는가'에 따라 각기 다른 대응 전략을 준비해야 한다.

형태와 가치 지향을 기준으로 조직의 유형을 분류할 때 열린 네트워크형 조직을 추구하는가 아니면 닫힌 위계형 조직을 강조하는가가 한 축이 된다. 그리고 자기 조직의 이익 극대화라는 가치를 추구하는가 아니면 공유와 협력, 집합 지성의 새로운 가치를 추구하는가가 또 다른 축이 된다. 이 두 축을 기준으로 나뉜 조직 유형 4가지는 향후 내가 속한 조직이 지향할 변화의 방향성을 검토하는 중요한 틀이 된다.

이 유형들을 조금 더 설명하면 다음과 같다. 그동안의 모델인 첫 번째 유형 전통 고수형은 위계적이고 관료적인 조직을 기초로 조직 중심의 이익 극대화를 목표로 한다. 대부분의 기업이 여기에 해당되고 비영리 조직에서도 내부 중심의 효율성 제일주의가 작동하는 경우 이 범주에 속한다. 조직의 내부와 외부를 명확히 구분하고 리더의 결정에 일사불란하게 따르기 때문에 단기적이거나 부분적인 차원에서는 매우 효율적이다. 하지만 디지털 시대에 최적의 모델이 되기 어렵고 발전 가능성은 더욱 낮다.

한편 네타키[10] 자본주의라고 할 수 있는 두 번째 유형은 네트워크 환경에 적극적으로 대응하면서 이윤 극대화라는 전통

열린 네트워크
개방, 소통, 민주적, 횡적

[디지털 독점형]
개방적 네트워크 + 구가치 지향
+ 플랫폼 독재와 이익 독점
(예: 구글, 아마존)

[집합지성형]
개방적 네트워크 +
새로운 가치 지향 + 공유와 협업
(예: 위키피디아)

물질적 가치
경쟁, 성장, 효율, 전유

사회적 가치
신뢰, 공유, 창의, 협력

[전통 고수형]
위계적 조직 + 구가치 지향
+ 내부 중심성과 조직 이익 극대화
(예: 전통적 기업)

[협동조합형]
조합원 중심 +
새로운 가치 지향 + 내부 중심성
(예: 사회적 경제, 사회적 기업)

닫힌 위계
관료적 통제, 지시, 내부화

적 기업 가치를 추구하는 디지털 독점형 모델이다. 네트워크
환경 구축을 위해 상당히 애쓰지만 궁극적 목표는 플랫폼에서
독점적 지위를 확보해 이익을 최대화하려는 것이다.

---

10 네트워크(Network)와 계급, 위계를 뜻하는 하이어라키(Hierarchy)의 합성어로 디지털 공
유물(Digital Commons)을 지향하는 P2P(Peer to Peer)재단에서 쓰는 용어다. 즉 플랫폼화
한 네트워크는 기존 관료제보다 더 집중적이므로 가용한 정보 기술을 활용해 협력 생산(P2P
Production)을 더욱 체계화하자는 입장이다.

세 번째 유형은 새로운 가치를 추구하는 소규모의 주체들이 협업적인 조직을 만들어 대응하는 협동조합형 모델이다. 평등한 조합원들의 참여에 기반한 협동조합이 그 전형이고, 최근 강조되는 사회적 기업과 친화력이 높다. 지향하는 가치는 새롭지만 내부 참여자 중심의 활동은 크게 달라지지 않았다.

　마지막으로 집합지성형은 완전히 열린 네트워크를 바탕으로 하면서 추구하는 가치도 새로운 유형이다. 대표적인 사례로 위키피디아를 들 수 있고, 열린 네트워크에서 수많은 사람이 참여해 지식을 함께 생산하며 여기서 창출된 집합적 지식과 정보를 모든 사람이 공유하고 활용한다.

　이 4가지 유형은 비단 기업에만 해당하는 것이 아니다. 정부와 공공 기관은 물론이고 시민사회의 단체들 역시 이러한 유형에 비추어 조직과 가치의 이중 혁신을 점검할 때 유용하다. 이때 고정된 역할 기대, 이기적 관심, 관료주의의 태도를 벗어나야 한다. 시시각각 변하고 끊임없이 융합되는 초연결의 사회 속에서 주위의 환경에 지속적으로 적응해 가는 지혜를 배우고 새로운 가치가 창출되는 생태계를 주목해야 한다. 그것은 개성과 정체성을 상실하는 것이 아니라 오히려 창의적 역량, 다중적 대응력을 지닌 강한 존재로 거듭나는 길이다. 이기적인 관심에만 집착하거나 조직의 관성에 편승하지 않고, 과감하게 새로운 구상을 실천하는 혁신적 마인드를 갖추도록 애써야 한다.

돈이 되는 데이터,
진짜 주인은 누구?

―――――――――○―――――――――

사용자 정보 유출 사고로 페이스북 창업자인 마크 저커버그를 소환했던 미국 상원 청문회, 러시아나 중국처럼 폐쇄적인 망을 구축하는 사회주의 국가들, 북한처럼 아예 단절된 국가, 해커 집단처럼 서비스의 보편성에 역행하는 반자유주의적 제도들이 역설적으로 인터넷의 공공성을 유지하는 것이 디지털 시대의 현주소다.

내가 좋아하는 음악이나 관심 상품이 무엇인지, 언제 어느 곳에 들러 누구를 만났는지, 누구와 주로 소통하는지 등 나보다 나를 더 잘 아는 존재가 있다. 바로 구글 같은 거대 플랫폼 기업들이다. 심지어 이들은 내가 찍은 과거 사진을 차곡차곡 모아서 추억 앨범까지 만들어 주며 가물가물한 기억을 다시 선명히 떠오르게 만든다.

사용자들이 남긴 흔적이 플랫폼에 빅데이터로 쌓이고 인공지능으로 분석한 결과는 새로운 수익원을 창출한다. 구글뿐 아니라 아마존, 페이스북, 애플 등 미국 플랫폼 기업들은 이렇듯 엄청나게 쌓인 사용자 데이터를 자본 삼아 디지털 경제의 최강자가 됐다.

누군가 나의 흔적을 수집하고 저장해 다시 재가공하는 것이 마냥 신기하고 즐거운 일일 수만은 없다. 특히 그것이 나의 의사와는 무관하게 특정 조직의 이익을 위해 활용된다거나 공공성이라는 명분을 핑계 삼아 정부의 통제 수단으로 쓰인다면 두려움까지 느껴질 수 있다.

데이터 주권을 수호하라

정보가 최고의 자원이 되는 미래 시대에는 데이터 경제가 만들 유토피아와 디스토피아 사이에서 정신을 바짝 차리지 않으면 개인이든 나라든 데이터 주권을 지킬 수 없다. 개인의 데이터 수집 및 활용과 관련해 공공성의 명분으로 현재 중국에서 벌어지는 일들만 보더라도 이런 염려가 단지 염려에서 끝나지 않을 것이다.

구글과 페이스북을 차단한 중국 정부는 바이두, 알리바바, 텐센트 등의 플랫폼 기업을 적극적으로 육성했다. 이 기업들은 중국을 대표하는 플랫폼 기업으로 성장했고, 이들이 수집한 방대한 데이터에는 중국인의 모든 일상이 담겨 있다. 중국 정부는 이 데이터를 기반으로 중국인들이 얼마나 사회적으로 바람직한 행동을 하는지, 혹은 문제 행동을 하는지를 인공지능으로 분석하여 개인별로 '사회신용점수'를 계산한다. 그리고 이 점수가 높으면 진학이나 채용 등에 가산점을 주고, 점수가 낮으면 진학과 채용의 불이익은 물론 고속철이나 비행기 이용이 금지되고 해외여행도 할 수 없을뿐더러 심지어 인터넷 접근에서도 차별받게 된다. 중국 정부는 2020년 베이징부터 시작해 '사회신용체계'를 본격적으로 가동하려 한다.

중국과 속도 및 강도에서 차이는 있을지라도 결국 우리나라 역시 정부나 기업 같은 조직이 개인에 관한 다양한 정보를 활용 및 조합하여 편익을 키우는 것에서 자유로울 순 없다. 따라서 개인이 타인이나 국가로부터 자신을 보호할 수 있는 '데이터 주권'을 기술적으로나 제도적으로 갖추어야 한다.

국가적 차원에서도 데이터 주권은 중요한 문제다. 전 세계 130억 이용자를 가두는 록인Lock-in 구조를 만들어 내서 글로벌 데이터 독점 구조를 완성한 구글, 애플, 페이스북, 아마존, 이른바 GAFAGoogle, Apple, Facebook, Amazon는 이제 각국 정부도 어쩌지 못하는 거대한 공룡이 됐다. 이들이 갑자기 약관을 변경하면 앱을 만드는 기업이나 개발자의 운명이 하루아침에 갈린다.

독과점을 규제하는 서슬 퍼런 한국의 공정거래위원회도 GAFA에 대해서는 침묵한다. 서버를 한국에 두지 않은 구글은 사실상 공짜로 국내 망을 사용한다. 지난해 구글은 구글플레이 앱 판매만으로도 5조 4000억 원의 매출을 올렸지만, 구글이 낸 세금은 매출 규모가 비슷한 네이버의 20분의 1에도 미치지 못한다. 국내 기업들이 모두 내는 법인세도 내지 않는다.

더 심각한 것은 정부가 외국의 거대 플랫폼 기업이 한국인 사용자의 데이터를 모으는 것에 대해 꼼짝도 하지 못하면서 정작 국내 기업에는 개인정보보호법, 정보통신망법, 신용정보법을 통해 높은 규제를 함으로써 국내 기업이 데이터를 활용해 산업화할 가능성을 모두 막아 놓았다는 점이다.

국가적 차원에서의 디지털 주권 수호를 위한 방안 중 하나로 G20 정상회의에서 아베 총리는 '오사카 트랙'을 제안하기도 했다. 거대한 글로벌 플랫폼 기업들이 개인 데이터를 부당 취득하지 못하도록 하고 개인정보를 보호하며, 이들에 과세할 수 있게 하자는 것이다.

나의 데이터가 의도적으로 조작된다면

개인 정보를 수집하고 활용해 기업이 이익을 창출하고 국가가 국민을 통제 수단으로 활용하는 것도 불쾌하고 두려운 일인데, 거대한 자본 세력이 그들의 이익을 위해 정보를 의도적으로 조작하는 사태까지 벌어진다면 사회나 국가는 물론 전 세계적으로도 크고 작은 혼란을 피할 수 없다. 독일의 앙겔라 메르켈 Angela Merkel 총리가 유럽만의 인터넷망을 건설해야 한다고 주장한 이유도 바로 여기에 있다.

월드와이드웹www을 고안한 팀 버너스 리Timothy John Berners Lee

등의 망Net 중립성 또한 특정 자본이 망의 공공성과 중립성을 침해할 가능성을 두고 애초에 인터넷 기준으로 천명한 것이다. 그러나 문제는 이 같은 원칙이 인터넷 인프라 투자를 둘러싼 사적 자본의 이익 앞에 끊임없이 흔들려 왔으며 지금까지 이렇다 할 명쾌한 대안을 찾지 못했다는 점이다.

오죽하면 사용자 정보 유출 사고로 페이스북 창업자 겸 최고 경영자인 마크 저커버그Mark Elliot Zuckerberg를 소환했던 미국 상원 청문회, 러시아나 중국처럼 폐쇄적인 망을 구축하는 사회주의 국가들, 북한처럼 아예 단절된 국가들, 개별적인 세금을 강제 부과하는 유럽의 국가들이나 유럽 의회, 해커 집단처럼 서비스의 보편성에 역행하는 반자유주의적 제도들이 역설적으로 인터넷의 공공성을 유지하고 있는 것이 현주소다.

자원으로서의 데이터와 정보의 중요성 그리고 그것을 활용하여 경제적·사회적 성장과 발전을 이루는 긍정적인 측면을 충분히 인정하되, 그 이면에 도사리고 있는 많은 염려스러운 부분도 충분히 살펴야 한다. 그리고 이러한 측면에서 개인을 보호하고 공공성을 유지하기 위한 제도적인 안전망을 필수적으로 구축해 둘 필요가 있다.

한편 데이터 브로커에 대한 감사Audit 활동도 매우 중요하다. 수많은 사용자(혹은 노동자)가 생산해 낸 데이터는 '천연' 자원에 해당하여 정제하고 가공하는 과정을 거치며 비로소 의미 있는 '정보'로 탄생한다. 따라서 이러한 정보를 가공해 내는 조직, 즉 데이터 브로커의 역할은 데이터 경제에서 필연적으로 중요해질 것이며 이들에 대한 감사 활동 또한 반드시 뒤따라야 한다.

데이터 브로커들이 특정 조직이나 개인을 위해 의도적으로 정보를 조작하는 극단적인 사태까지는 예측하기 힘들지만 의도하지 않게 잘못 가공되어 편향된 정보를 전달할 위험은 있다. 이러한 사태를 막기 위해서는 정보 유통을 사후적으로 감사하는 활동이 중요하고, 제도는 데이터의 활용을 원천적으로 제한하기보다는 그 유통의 사후적 감사를 원활히 하는 방향으로 설계되어야 할 것이다.

알고리즘 세상은
유토피아인가, 디스토피아인가

───────○───────

알고리즘이 만들어 내는 조직의 영향력 또한 업무 시간에만 작동하는 것은 아니다. 알고리즘이 새로이 설계한 조직은 개인의 사적인 삶에 영향을 미칠 것이며, 전체 도시 공간 또한 새롭게 재구성할 것이다.

업무 공간과 사적인 공간이 구분되고 업무 시간과 사적인 시간이 구분되듯이, 인간의 삶도 공적인 영역과 사적인 생활이 완전히 구분될 수 있을까? 지금껏 저명한 사회학자들은 조직 생활과 사생활은 분석적으로나 경험적으로 분리되어야 마땅한 것으로 보았다. 일과 삶의 균형이라는 뜻의 신조어 워라밸 Work-Life Balance 역시 조직 생활과 인간의 사적인 생활의 근원적 분리를 가정한다.

그렇다면 정말 공적인 영역인 조직 생활과 사생활이 완전히 독립될 수 있을까? 조직 연구를 전공으로 하는 일부 사회학자들은 사생활은 조직이 생존을 위해 필요한 자원을 공급받는 중요한 환경요소 중 하나로 보았다. 고전적인 워라밸 연구들이 회사가 있는 도심과 주거지가 있는 교외 사이의 물리적·사회적 관계들에 관심을 가져온 것도 조직 생활과 사생활의 연결성을 인정하기 때문이다.

알고리즘이 만들어 내는 조직의 영향력 또한 업무 시간에만 작동하는 것은 아니다. 알고리즘이 새로이 설계한 조직은 개인의 사적인 삶에 영향을 미칠 것이며, 전체 도시 공간 또한 새롭게 재구성할 것이다.

장밋빛 전망, 그 이면이 궁금하다

도시는 20세기 인류가 조직의 논리로 탄생시킨 삶의 공간이다. 개별 조직의 경계가 희미해지고 각기 다른 조직을 구성하는 인간들 사이의 관계가 복잡하게 연결될수록, 도시 자체는 하나의 거대한 조직군이 된다. 따라서 알고리즘으로 재구성되는 21세기 미래 조직에 대한 상상은 조직이 구성하는 오늘날의 도시에 적용되었을 때 조금 더 선명하게 그려진다.

스티븐 소더버그Steven Soderbergh 감독의 1991년작 영화 〈카프카Kafka〉는 프란츠 카프카의 《성》을 모티브로 한다. 영화에 등장하는 회사 조직의 어두움은 근대 관료제가 드리운 인간 소외를 상징한다. 또한 퇴근 후 일상에까지 이어지는 흑백 톤의

화면은 조직 생활이 사회 전체의 구성 원리로 확장될 것이라는 비관적 전망을 나타낸다.

다행히 사회학적 경험 연구들은 20세기 도시인의 세련된 이미지에서 〈카프카〉의 주인공과는 다른 모습을 발견해 왔다. 조직에 소속된 도시인들은 단일한 권위 구조에 복속되기를 거부하고 다양한 집합 행동을 통해 인간 중심의 도시를 만들어 나간다. 즉 20세기 도시인들은 산업의 부품으로 추상화된 객체들이 아니라, 자유의 깃발 아래 스스로를 모든 구속으로부터 해방시키려는 존재들이다.

이들은 전통 사회의 구성원들보다 훨씬 개인주의적이면서도, 자신과 비슷한 정체성을 지닌 집단에 대해 강한 소속감을 느끼는 이중적 성향을 지닌다. 매일 보는 직장 동료와는 주말에 따로 시간을 내어 함께하는 것이 어색하지만 소위 말하는 코드가 비슷한 사람과는 그가 생면부지 남이라고 해도 다양한 형태로 교섭하고 연대할 수 있다. 이처럼 20세기 도시민들은 조직 내의 위계와는 구분된 '2차 집단'을 구성하여 조직과 도시의 삶의 주체가 되기 위해 정치적으로 투쟁해 왔다.

알고리즘을 활용한 경제와 사회 조직의 재구성은 우리 삶에 어떤 변화를 가져올까? 관료제적 위계와 권력 집중의 심화를 다시 소환할까, 아니면 그 안에서도 새로운 형태의 사회적 연대와 집합 행동으로 민주주의적·사회적 가치를 추구하는 방향으로 나아갈까?

이러한 질문에 대한 답을 찾기 위해서는 오늘날 한국의 도시가 어떤 경로에 서 있는가를 먼저 살펴볼 필요가 있다. 알고리즘으로 재구성될 조직과 도시의 미래는 20세기 도시 역사의 맥락에서 추정되어야 한다.

정보 통신 기술로 도시 공간을 재구성하려는 노력은 지구촌 곳곳에서 일어난다. 자율 주행차와 차량 공유가 도시의 공공 인프라를 재설계해야 할 필요성을 불러일으키자 중국은 스마트 시티智慧城市로, 우리 정부는 세종시 일원에서 스마트 시티를 설립하는 것으로 대응하고 있다. 그런데 이 같은 화려한 외양 이면에는 다소 염려스러운 진실이 숨어 있다.

편리함으로 무장한 스마트한 도시가 펼쳐지는 동안 조직과 도시 공간 내에서는 안타깝게도 계층적 분리가 더욱 심화되어 왔다. 새로운 기술의 전도사들은 알고리즘이 시민 사이의 소통과 연대를 수월하게 하고 나아가 시민 일반의 권리를 증진할 것이라고 주장한다. 그러나 이 같은 장밋빛 전망은 20세기 동안 도시 공간 내에서 경제적·사회적 분리가 얼마나 심해졌는지 외면하고 있다. 이를 인정하는 순간 알고리즘이 문제를 더 심화시킬 수도 있다는 예측을 받아들여야 하기 때문이다.

조직과 도시에서 분리되는 인간들

우리는 이상적인 미래 도시의 상을 성공한 글로벌 도시에서 찾곤 한다. '끓는 솥Melting Pot'으로 상징되는 뉴욕은 다양한 인종과 직업을 가진 사람들이 저마다의 문화를 꽃피우고 화합하며 잘 사는 것으로 그려진다. 하지만 적지 않은 연구들이 이 끓는 솥의 비유가 잘못됐음을 밝혀 왔다. 통계적으로 잡힌 인종 간 결혼은 같은 피부색 내의 하위 집단, 즉 출신지가 다른 유럽 이민자들 사이나 모국이 다른 아시아인들 간에 주로 이루어진 것이었다. 결과적으로 유색 인종, 특히 흑인들의 사회적 분리가 장기간에 걸쳐 줄어들고 있다는 증거는 거의 없다.

거주지 차원에서도 백인과 유색 인종 사이의 분리는 나아지지 않았다. 가장 직접적인 원인은 주기적으로 반복되는 경제 불황이다. 소수 인종 집단의 구매력 약화, 기초 복지에 대한 의존성 강화, 이혼과 범죄의 증가, 영아 사망률과 교육의 질 악화 등은 공통적으로 이들 거주지의 주택 가격 하락과 함께 나타나곤 했다. 지난 세기 사회경제적 요인은 항상 계층 간, 인종 간 분리를 확대하는 방향으로 전개되어 왔다.

이 같은 20세기 거대도시Megacity들의 발전 경로를 감안할 때, 신기술에 입각한 4차 산업들이 인종과 계층 사이의 거리를 줄일 것이라는 기대는 섣부른 것이다. 정보 통신 기술의 소통 범위와 속도가 확대됐을 때 나타나는 결과는 인종과 계층 사이의 거리를 줄이는 것이 아니라, 물리적으로 떨어져 있는 상위 계층 간의 결합을 가속화하는 것이었다.

자본과 기술이 디지털화된 정보로 재가공되자 국제적 이동의 물리적 제한이 사라졌다. 특히 24시간 해가 지지 않는 국제 금융시장 같은 새로운 공간이 창출되면서 국적을 불문한 엘리트 계층의 집합소가 되어 버렸다. 결국 도시는 이 정보의 생산 주체인 국제적 엘리트들의 거주지를 중심으로 재편될 것이다.

카스텔에 따르면 신기술 산업은 생산 공간을 여러 지리적 위치들로 분산시킨다. 하나의 물리적 공간에 설계와 부품, 로지스틱스와 영업 모두를 가지고 있는 것은 환경 변화에 대한 대처 능력을 떨어뜨리기 때문이다. 따라서 신기술 산업은 다음의 3가지 공간적 특징을 확보해야 한다.

첫째, 신기술 산업은 생산과정 자체를 여러 물리적 공간으로 분산시킬 수 있어야 한다. 이는 단순히 개별 공장을 여러 군데 건설하는 것과는 차원이 다르다. 고도의 정보 통신 기술을 활용해 지리적으로 분산된 공장의 작업들을 하나로 묶을 수 있어야 한다. 즉 위치의 유연성을 갖되 유기적 통신 네트워크의 범위 안에 묶여 있어야 한다. 둘째, 다양한 장소에서 만들어진 부품을 조립하기 위해서는 이 부품들이 수치상으로 정확함과 동시에 유연해야 한다. 마지막으로 각 부품에 특화된 노동력은 고유한 생활환경이 필요하다. 이 과정은 신기술 산업의 유연한 생산 체계를 설명하는 듯하지만, 사실은 산업의 핵심 역량을 구성하는 과학자와 공학자들을 작업 현장으로부터 분리하는 것을 전제로 하고 있다.

정보 통신 기술의 발달로 과학자나 공학자들이 굳이 생산 현장에 오지 않고도 본인의 역할을 충분히 할 수 있게 되었다. 그러니 현장 근처에 거주하는 것은 경제적으로나 사회적으로 비효율적인 일이다. 결국 생산 기지와 멀리 떨어진 도시는 점점 더 지식 엘리트들의 공간이 되어 간다. 조금 더 극단적으로 표현하자면 신기술 산업 시대에는 엘리트들만이 도시에 살 수 있다. 이 과정에서 엘리트들은 지리적으로 멀리 떨어진 지역의 엘리트들과의 네트워크를 더욱 발전시키며 그들만의 세상을 만든다. 이들은 도덕적으로도 세련됐고 다양한 문화에 열린 자세를 보이며 환경문제를 비롯한 세계 여러 문제에 민감하고 적극적이다.

이에 반해 노동자들은 현장에서 직접 육체적인 노동을 해야지만 생산 업무가 가능하다. 그래서 출퇴근 시간을 아끼기 위해 가능한 한 생산 현장 근처에 주거지를 형성한다. 이것이 고도화된 정보 통신 기술 환경에서 지식 노동자와 육체 노동자 사이에 거주지 분리가 강화될 수밖에 없는 이유다. 게다가 거주지 분리는 계층 간의 단절로 이어질 위험도 크다. 프랑스 화장품 회사가 서울 시내 한복판에서 벌이는 자선기금 모금 파티의 한편에는 청소를 위해 대기하는 용역 업체 직원들이 있다. 탈산업 사회 문화의 주요 특징을 아이러니로 보는 것은 바로 이런 현상 때문이다. 국경을 넘나들며 세계 문제를 고민하고 나누는 엘리트들은 정작 근거리의 저소득계층과 날카롭게 단절되어 있다.

그들만의 성역으로
더욱 짙어지는 빛과 그림자

자연적으로 형성된 도시가 아닌 새로운 도시를 개발하려는 스마트 시티 사업들은 거대도시 바깥에 느슨하게 연결되어 있는 '경계 도시'를 지향한다. 물리적 거리에 구애받지 않고 생산과 소비의 기능을 수행하기 위해, 고도의 정보 통신 기술로 연결된 경계 도시는 거대도시의 도심과 기존의 교외 지역의 쇠락을 배경으로 발전한다. 그리고 이 새로운 정보 도시로 기존의 지식 엘리트들이 이동한다.

〈SKY 캐슬〉에서는 대한민국의 내로라하는 엘리트들이 모여 사는 그들만의 성역인 'SKY 캐슬'이 배경으로 등장한다. 성적 지상주의, 학벌 지상주의인 현 세태를 비판하는 드라마의 내용과는 별개로 그들의 특별한 공간만으로도 대다수의 서민들은 위화감을 느끼기에 충분했다. 더구나 비록 드라마 속 이야기이긴 했지만 부와 권력과 명성을 가진 엘리트들의 실재하는 삶의 모습이기에 그 쓸쓸함이 더 컸다.

우리나라 역시 부촌으로 알려진 특정 지역이 있고 부자들만 산다는 특정 주택단지도 있다. 이는 대부분의 국가에서 나타나는 현상이며 필리핀은 아예 전직 대통령을 비롯한 연예인, 부유한 외국인, 저명인사 등만 거주하는 아얄라 알라방 빌리지 _{Ayala Alabang Village}라는 주택단지가 있을 정도다. 단일 규모로는 세계 최대의 주택단지인 이곳은 단지 내에 골프장, 수영장, 테니스장 같은 편의 시설은 물론 병원, 성당, 대형 마켓, 명문 학교들도 있다. 또 출입을 통제하는 까다로운 절차 외에도 총을 든 경호원들이 단지 내부를 수시로 순찰하는 완벽한 그들만의 성역이다.

엘리트만의 도시가 커진다

글로벌 시티 혹은 거대도시에서 나타나는 계층별 군집은 이미 익숙한 풍경이다. 부동산을 포함한 주거 비용을 고려한다면 다수의 시민들을 배경으로 한 화려한 도시 중심부의 풍경이 디스토피아를 그린 영화 속 상상만은 아니다. 하지만 4차 산업혁명을 통한 산업 조직과 도시 공간의 재구조화는 이러한 영화적 상상력을 벗어나 있다. 20세기 도시들이 도심과 교외로 나뉘어 계층적·산업적 분화에 따라 경계가 형성되었다면, 새로 설계되는 도시들은 급격한 정보 통신 기술의 발달에 힘입어 전혀 다른 방향을 향하고 있다.

자연적으로 형성된 도시가 아닌 새로운 도시를 개발하려는 스마트 시티 사업들은 거대도시 바깥에 느슨하게 연결되어 있는 경계 도시Edge City를 지향한다. 물리적 거리에 구애받지 않고 생산과 소비의 기능을 수행하기 위해, 고도의 정보 통신 기술로 연결된 경계 도시는 거대도시의 도심과 기존의 교외 지역의 쇠락을 배경으로 발전한다. 그리고 기존의 지식 엘리트들이 이 새로운 정보 도시로 이동한다.

이 가운데 기존의 거대도시들은 전 세계를 대상으로 한 정치적·경제적 거래의 접점으로서의 역할과 기능을 포기하지 않는다. 거대도시들은 지역의 경계 도시들의 중심으로 기능하면서 세계의 다른 거대도시들과 연결되는 허브 역할을 수행한다. 세계의 축으로 기능하는 이 거대도시의 주인 또한 최상층의 엘리트들이다.

거대도시를 중심으로 위성처럼 늘어져 있는 경계 도시들이 탈산업 시대의 도시 생태계를 구성한다. 그리고 이러한 생태학적 환경 때문에 새로 건설된 경계 도시의 중심부는 일정 수준이상의 수입과 교육 수준 그리고 기술을 갖춘 이들이 독점하게 된다.

거대도시와 경계 도시의 중심부를 차지하고 있는 신기술 산업 엘리트들은 문화적 다양성을 포용하는 듯 보인다. 그러나이 같은 사회적 보편주의는 땅을 딛고 사는 모든 이웃을 향한것이 아니다. 국경을 넘어선 엘리트들 사이의 연대는 개별 지역의 역사적·제도적 규율을 약화하고 문화적으로도 독립되어간다. 따라서 현재의 정보 통신 기술이 더 발전되고 완성되었을 때, 도시 엘리트들은 더 이상 고정된 물리적 공간에 머무르지 않고 하나의 유동적 흐름 안에서 살게 된다.

흐름의 공간Space of Flow으로서의 도시에서 신기술 산업 엘리트들은 현재보다 더 큰 규모로 조직화되어 끊임없이 흐름을 만들어 내고 그 공간을 자유롭게 확장할 것이다. 알고리즘을 이용한 공간의 유동성과 규모의 증가는 엘리트들이 역사상 가장 큰 규모로 조직화될 수 있도록 만든다. 이 조직화의 이면에는 그간 복잡했던 국제적 상호작용이 프로그램화할 수 있을 정도로 균질해지고 예측 가능해졌다는 것을 의미하며, 그만큼 세계주의적 엘리트들의 연대도 공고해졌음을 뜻한다.

물론 전 세계가 단일한 네트워크로 재조직화되는 일은 조금 더 미래의 일이다. 하지만 지금도 진행되는 급격한 기술 발전은 이 같은 전망에 점점 더 현실성을 더하고 있다. 대학교수이자 세계적인 비평가인 프레드릭 제임슨Fredric Jameson은 공간의 모든 층위가 이어지는 LA의 보나벤처 호텔의 건축에서 포스트모더니즘의 문화적 논리를 엿보았다. 하지만 우리는 여기에서 호텔 풍경에 담기지 않은 엘리트가 아닌 인간들이 궁금하다. 그 많은 호텔 청소부들은 어디로 간 것일까?

서울에서 나타난 하위 계층의 소외

서울의 땅값이 금값으로 뛰어올랐다고 해서 서울 시민 모두가 어깨춤을 추는 것은 아니다. 개발과 땅값 상승의 수혜는 오롯이 땅 주인에게만 돌아가고 세입자들은 오히려 늘어난 임대료를 감당하지 못해 시 외곽으로 밀려나고 있는 실정이다.

서울이라는 거대도시에서 강남구와 은평구를 중심으로 하위 계층의 소외 현상이 벌어지고 있다. 실제 은평구는 과거 신촌을 중심으로 밀집한 대학의 청소 노동자들이 불광, 연신내, 아현을 중심으로 거주하던 지역이었다. 그런데 뉴타운 개발이 훑고 지나간 뒤 중산층이 대거 유입되었고, 청소 노동자의 거주지는 찾아보기 힘들어졌다.

물론 청소 노동자를 비롯해 그곳을 삶의 터전으로 가꾸어 오던 중소 영업자들이 이러한 변화를 무력하게 수용하기만 한 것은 아니다. 이들은 변화에 저항하면서 정치적·문화적 참여 운동을 전개하기도 했다. 젠트리피케이션Gentrification[11]에 저항하며 시민권의 이름으로 도시의 공공성을 요구했다. 도시 내의 물리적 공간은 공공성을 갖기 때문에 시민권을 가진 이들의 복리에 기여해야 한다는 생각은 민주주의 가치에도 부합한다.

안타깝게도 이것은 서울이 엘리트 중산층 중심의 국제도시로 변해 가는 전반적인 추세를 막기에는 역부족이었다. 개발을 둘러싼 경제적 이해가 너무 심대한 데다 거센 세계화의 물결

---

11 도심과 가까운 낙후 지역이 활성화되어 중산층 이상의 계층이 대거 유입됨으로써 원래의 거주자들이 다른 지역으로 밀려나게 되는 현상이다.

을 막기엔 시민권은 그 힘이 날로 줄어들고 있다.

역사적으로 서구에서는 시민권 발급을 통해 이민을 유인하고 이민자들이 기존 사회에 효과적으로 정착하도록 도와주었다. 따라서 이 같은 국가의 시민권 행사가 가장 큰 효력을 발휘한 계층은 이주 블루칼라 계층이었다. 그러나 노동 유연성의 강화, 시민 지성의 약화 그리고 세계화의 진전에 따라 적어도 엘리트에게는 국가 시민권이 이전 같은 구속력을 갖지 못하게 되었다. 글로벌 도시의 엘리트들은 법적으로 명문화된 시민권만큼 강제력은 없지만 국제적으로 연결된 독자적 정치 공동체를 통해 자신들의 이익을 실현해 가고 있다. 이들에게 도시라는 물리적 공간 안에서 지켜야 할 공공성이란 점점 의미 없는 것이 되어 가는 중이다.

알고리즘이 만들어 낼 인간 소외와 그 배후

변화의 한가운데서 서울이 국제도시로 바뀌어 가고 있지만 아직은 세계주의적 엘리트들의 완벽한 지배 아래 들어간 건 아니다. 부당한 임대차 계약에 항의하는 사람들 또한 알고리즘을 이용해 결속하고 실천하는 문화적 코드를 가꾸어 가고 있다.

이들이 얼마나 성공을 거둘 수 있을지는 조금 더 지켜봐야 한다. 성공한다면 서울이라는 도시에서 비엘리트 문화 공동체가 시민 참여와 결합해 도시 공공성을 증진한 첫 사례가 될 것이다. 하지만 실패한다면 서울은 단조로운 중산층의 집합소가 될지도 모른다.

그렇다면 새로 만들어지는 도시는 어떨까? 국가가 국민의 세금으로 용지와 건설 비용을 충당하고 이를 모든 계층에게 개방하는 방식이 아니라면, 새로운 도시는 거대도시의 기능적 보조이자 전문직 엘리트 중산층에 특화된 공간이 될 가능성이 크다. 우리나라의 혁신 도시, 과학 벨트, 행정 도시 등은 모두 이 모델을 따르고 있다. 인근 지역을 포함한 토착민의 진입에 개방되어 있지만 실질적으로 도시의 기능적 핵심을 구성하는 것은 전문직 엘리트들이다. 이것이 오늘날 우리가 목격하는 새로운 중소 도시들의 모습이다.

하지만 최근 4차 산업혁명 기술을 강조하는 패러다임은 기존 신도시 개념에 무선 인터넷이 잘되고, 도보로 통근하며, 친환경적인 보다 근본적인 수준의 조건을 더하고 있다. 이 관점에서는 골목과 도로의 디자인이 도시민의 공동체적 삶에 일정한 영향을 주듯 공간을 차지하는 모든 사물과 인간이 상호작용할 것이라는 급진적인 기술적 전제를 깔고 있다.

이를 구현하기 위해 도시 건축은 인간을 지탱해 주는 인공적 구조물보다 인간과 대등한 자격을 가지고도 시공간을 규정하는 사물Thing에 더 관심을 갖는다. 오늘날 신기술을 적극적으로 채용하는 도시 설계에서 인간에 대한 정보를 수집하는 센서, 수집된 정보를 저장하는 서버 그리고 꾸준하게 누적되는 정보를 이용해 인간의 행동을 예측하는 컴퓨터에 이르기까지 도시는 인간과 사이보그가 공존하는 도시 산책자의 거리 플라네리Flânerie[12]가 된다.

이러한 기술과 서비스는 이미 시작되었다. 우버가 운전자와 고객 사이 상호작용을 기록하듯이 사물인터넷은 연결 주체들 사이의 일거수일투족을 모두 기록한다. 포드 자동차는 차체에 설치된 GPS 센서 신호를 받아 차를 운전하는 사람들의 운전 습관은 물론 교통법규를 위반하는 개인별 패턴까지 파악할 수 있는 것으로 알려졌다. IPTV를 사용하는 개별 가정들이 어떤 프로그램을 시청하고 있는지 서비스 제공자나 TV 제조업체가 실시간으로 파악하는 것은 매우 쉬운 일이다. 몸에 착용하는 웨어러블 컴퓨터가 스마트폰만큼 일반화되면 국민 대다수의 개인 신체 정보는 실시간으로 수집된다.

웹 2.0의 창시자로 불리는 팀Tim O'Reilly은 이 같은 초연결이 앞으로 정치를 대체할 가능성을 거론하고 나섰다. 만약 개인화된 정보를 실시간으로 이해하고 적절한 처방을 제공하는 알고리즘을 만들 수 있다면 기존의 법률도 대체할 수 있다는 뜻이

---

12 flânerie는 발터 벤야민이 19세기 파리를 flâneur들의 도시라고 한 데서 비롯된다. 여기서 flâneur는 한가로이 도시를 걸어 다니는 유한계급을 말하는데, 굳이 타인과의 상호작용을 하지 않고 한 걸음 떨어져서 사회를 지켜보는 사람들을 뜻한다. 즉 flânerie란 이런 사람들이 가득 차 있는 도시의 상태를 일컫고, 〈Farias&Bender〉의 글에서 지목하는 건 인공 센서들로 가득 찬 도시, 나아가 로봇과 인간으로 가득 찬 도시의 상태가 마치 과거 벤야민이 생각했던 flâneur의 도시 풍경과 같다는 의미다.

다. 그에 비하면 개인별 차이를 고려하지 않는 기존의 법률은 비효율적이다. 고속도로를 달리는 차의 속도를 중앙에서 개별적으로 제어한다면 고속도로 전체의 정체를 막을 수 있는 것처럼, 개인별 생활 습관에 따라 의료 보험료를 차등 적용할 수 있다면 공공 의료를 훨씬 효율적으로 운영할 수 있다. 이를 위한 알고리즘은 실시간 데이터를 활용해 끊임없이 최적화되고 이에 입각한 규제는 사회 전체를 최적화시킬 것이다.

오라일리의 비전에 제일 먼저 관심을 보인 곳은 싱가포르였다. 오라일리 또한 싱가포르의 중소 규모 도시가 자신의 아이디어를 효과적으로 적용할 수 있는 환경을 제공한다고 믿은 듯하다. 하지만 탈산업사회의 도시 변화와 그 안에서 벌어지는 비엘리트 계층의 배제와 고립을 떠올려 볼 때 문제는 그리 간단하지 않다. 신기술을 이용해 친환경과 고효율이라는 목적을 달성할 수 있겠지만, 이미 고립된 하위 계층이 자신의 사회적·문화적 비중을 넓혀 나가는 정치적 활동은 불가능하게 된다. 인간을 둘러싼 전자 장치들이 인간의 편의만을 위해 봉사하는 것이 아니라, 인간을 예측하고 지도한다. 그리고 인간의 원초적 충동 가운데 하나인 정치적 활동을 대체함으로써 결국 인간을 대체하게 될 것이다. 그리고 이렇게 대체되는 인간 대열 맨 앞에는 경제적·문화적으로 하위에 속하는 소수 집단들이 포함된다. 게다가 더 큰 문제는 엘리트가 이러한 하위, 소수 집단의 전철을 따르게 될 경우다. 조직과 도시의 정치를 알고리즘이 대체하는 순간 직접 담당하는 인간에 대한 의존이 급격히 떨어진다. 결국 조직과 도시 전체가 지배하는 인간이 없는 상태로 진화할 가능성이 높아진다.

미국의 유명한 저널리스트이자 작가인 티모시 노아Timothy Noah의 주장에서 이 전망에 대한 구체적인 답을 하나 찾을 수 있다. 1970년 전후로 미국을 필두로 한 전 세계 산업국가들에서는 생산성의 증가와 실질임금 성장 사이에 차이가 나타나기 시작했다. 한국에서는 이 현상이 1998년 IMF 직후와 2008년 국제 금융 위기 때 나타났다. 노아는 국가 전반의 불평등 증가가 전 세계에 걸친 보편적인 현상이며 21세기 신기술과 상관없이 그 이전부터 진행되어 온 것이라고 말한다.

여기서 노아는 흥미로운 질문을 던진다. 노동자의 실질임금이 정체 혹은 감소했다면 높아진 생산성만큼의 이익을 누가 가져갔느냐는 것이다. 우리는 조직과 도시의 산업 엘리트들이 전유했다고 생각하지만 노아는 증가한 생산성의 과실을 주주들, 즉 금융자본이 가져갔다고 주장한다. 그의 의견이 옳다면 신기술이 노동자들은 물론 관리자인 산업 엘리트들에 대한 의존까지 줄이게 된다. 조직과 도시 외부에서 신기술의 난이도에 전혀 영향을 받지 않으면서 막대한 이익을 전유하는 금융자본 계급이 말이다.

사람이
사라진 조직

인간의 주요한 의사 결정과 분석 등을 인공지능 알고리즘이 대체하는 일이 여기저기서 일어나는 중이다. 유튜브의 콘텐츠 추천, 세계적인 포털 사이트와 소셜 미디어의 뉴스 우선순위도 이미 인간이 아닌 알고리즘이 선정한다. 우리나라의 대표적인 포털 사이트인 네이버 역시 2018년부터 뉴스 우선순위 선정을 인공지능 알고리즘에 맡기고 있다.

100층 빌딩의 외벽을 청소해야 한다면 로봇에 맡겨야 할까, 인간에게 맡겨야 할까? 더러운 변기에 손을 넣어 볼펜을 꺼내야 한다면 로봇이 적합할까, 인간이 적합할까? 비용은 물론 그 효능까지 같다면 대부분 로봇을 선택할 것이다. 힘들고 어렵고 위험하고 더러운 일을 피하고 싶은 것은 인간의 본능일 테니 말이다.

　이런 이유로 혹자는 소위 3D 업종으로 불리는 힘들고Difficult 더럽고Dirty 위험한Dangerous 일에 로봇이나 인공지능 등 기계가 활용될 것이라고 말한다. 그런데 정말 그럴까? 더군다나 과학

기술의 발달은 인간과 기계를 비용과 결과의 측면에서 결코 동등한 수준에 머물게 하지 않는다. 인공지능을 탑재한 기계는 상상 이상의 빠른 속도로 고도의 기술력을 갖춰 나가고 있고, 기존 조직에서 대체 가능성이 낮았던 고급 인력의 자리까지 꿰차고 있다.

나의 노동은 인싸인가, 아싸인가

4차 산업혁명과 디지털 전환에 따른 조직 구조와 경계의 변화가 가져온 중요한 결과 중 하나는 일자리의 변화와 일하는 사람들의 양극화다. 기업은 과거처럼 안정적인 조직 구조를 유지하고 장기적인 계획에 의한 운영이 어려워지자, 불확실성과 빠른 환경 변화에 대응하고자 유연하고 적응력 높은 조직으로 변화를 꾀했다. 그 대표적인 것이 고용 형태의 변화다. 장기고용은 줄고 환경 변화에 따라 조정 가능한 단기 고용이 늘었으며 기업 내부에서 수행하던 업무가 외부화되었다.

이러한 변화에서 주목할 점은 인력의 외부화나 유연화가 모든 업무와 일자리에 동일하게 적용되지는 않는다는 것이다. 기업은 핵심적이고 가치 기여가 높은 일자리들은 내부에서 안정적인 조건으로 고용한다. 대신 대체 가능하고 희소성이 낮은 일자리들은 외부화하여 유연성을 높이려 한다. 그 결과 기업의 일자리는 양극화를 피하기 어렵게 되었다.

우버나 에어비앤비 같은 플랫폼 기업에서 일하는 사람들 중에 우버 운전자나 에어비앤비 임대자는 모두 기업의 고용 직원이 아니라 계약된 독립 사업자다. 언제든 그리고 누구든 대체 가능한 일이라고 판단하기에 기업은 굳이 그들을 내부화하여 고정비용을 지출할 필요를 느끼지 못한다. 물론 우버나 에어비앤비에도 사업을 계획하고 관리하거나 알고리즘을 만드는 인력이 있다. 소위 핵심 인력이라 분류되는 이들은 운전자나 임대자와는 현격히 다른 조건에서 고용되어 일하고 있을 것이다.

이는 비단 플랫폼 기업만의 이야기가 아니다. 점점 더 많은 기업이 그때그때 필요에 따라 크라우드 혹은 긱 워크Gig Work[13]의 형태로 인력을 외부에서 충원할 것이다. 기업 내부에서 상시적 업무를 보면서 일하는 사람들과 필요한 시기에 한시적으로 충원된 사람들 간의 속성이나 성향 그리고 보상은 상당한 차이를 보인다. 기업에 안정적으로 고용되어 일하는 사람들은 대부분 중요한 전략적 판단과 의사 결정을 하고, 기술 및 서비스 개발과 시험에 관련된 핵심 업무를 수행한다. 이에 반해 필요에 따라 한시적으로 충원되어 일하는 사람들은 보다 일상적이거나 일시적인 업무를 담당한다.

---

13 필요할 때마다 계약직이나 임시직을 섭외해서 일을 맡기는 형태의 일자리로, 차량 공유 업체 우버의 운전사, 숙박 공유 업체 에어비앤비의 집주인 등이 긱 워크 노동자의 대표적인 사례다.

기업 내부에서 일하는 직원들은 중요한 판단과 선택, 창의적 문제 해결 능력을 요구하는 업무, 즉 기업의 입장에서 전략적으로 중요한 업무와 책임을 맡는다. 기업은 직원들이 동기부여되고 업무에 몰입하게 하기 위해 기꺼이 이들의 자기 선택과 자율권을 존중해 준다. 전문적이고 높은 창의성을 요구하는 비 일상 업무의 경우 스스로 전체 조직의 관점에서 생각하고 판단하여 일하는 것이 효과적이기 때문이다. 반면 기업 외부에서 불안정하게 일하는 사람들의 경우 선택권이나 자율권은 제한되며 플랫폼의 알고리즘이 시키는 대로 단순하고 타율적인 업무가 주어질 뿐이다. 기업 일자리 양극화는 고용의 형태뿐만 아니라 업무 방식까지 극과 극으로 이분화되는 현상이 나타나는 것이다.

사장마저 사라진다

나의 노동이 인싸[14]가 될 것인가, 아싸[15]가 될 것인가는 다가올 미래에 그리 중요하지 않을 수도 있다. 어쩌면 조직은 나날이 똑똑해지고 성실해지는 인공지능 덕분에 조직 내 주요 업무를 담당하는 인싸마저도 불필요한 상황이 올지도 모른다.

---

14 인사이더(Insider)의 줄임말로 무리 안에서 잘 어울리며 주류가 되는 사람들을 의미한다.
15 아웃사이더(Outsider)의 줄임말로 무리 안에 들지 못하는 외부 사람들을 의미한다.

다소 황당한 이야기로 들릴지도 모르지만 이러한 예측은 이미 현실의 다양한 영역에서 실현되고 있다. 인간의 주요한 의사 결정과 분석 등을 인공지능 알고리즘이 대체하는 일들이 여기저기서 일어나는 중이다. 유튜브의 콘텐츠 추천, 세계적인 포털 사이트와 소셜 미디어의 뉴스 우선순위도 이미 인간이 아닌 알고리즘이 선정한다. 우리나라의 대표적인 포털 사이트인 네이버 역시 2018년부터 뉴스 우선순위 선정을 인공지능 알고리즘에 맡기고 있다. 더군다나 알고리즘이 이러한 역할을 대신한 일을 많은 사람들이 긍정적으로 평가한다. 감정이나 선입견 등이 개입되지 않아서 공정성이 확보되며 실수할 확률도 없어 정확성까지 있다는 것이다.

조직 내 인간의 위기는 여기에서 그치지 않는다. 조직이 노동에 의존하는 것이 극단적으로 감소하더라도 노동의 가치를 판단하고 투자를 결정하는 경영 주체는 여전히 살아 있을 것이다. 그런데 만약 경영주의 역할인 고도의 경영적 판단이라는 노동 자체가 대체 가능하면 어떻게 될까? 똑똑한 기계는 직원의 영역에서의 제한된 진화에 그치지 않고 감히 경영주인 사장의 영역까지 넘보게 될 것이다. 인공지능 알고리즘에 기반한 새로운 조직 양식의 급속한 발달은 이러한 문제를 수반한다. 단순히 조직 내 인간의 수를 줄이는 것이 아니라 조직 전체를 조망하고 운전하는 최종 결정권자의 소멸을 예견하고 있기 때문이다.

그렇다면 어떻게 인공지능 알고리즘이 이런 중요한 결정이나 판단을 하는 것은 물론이고 조직의 최종 결정권자인 사장의 자리까지 차지할 수 있을까? 알고리즘은 주어진 문제를 해결하기 위한 방법들의 단계적인 집합으로 전체 과정에 대한 면밀한 설계를 지양한다. 대신 개별 차원의 합리적 산출물을 우선 계산해서 이를 다시 결합해 나가는 과정을 거친다. 이는 조직의 관료제적 이상과 충돌한다.

공항과 기차역에 설치된 테러 예방을 위한 비디오 감시 시스템의 예를 살펴보자. 여기서 컴퓨터 공학자들의 일차적인 목표는 '시민의 사생활 정보를 이용하지만 그 침해 정도를 최소화하면서 믿을 만한 정보를 수집하는 비디오 감시 체계를 만드는 것'이다. 다음 3가지 규칙을 전제한다.

① 의심스러운 화면만 관리자에게 제공한다.
② 그 외는 삭제한다.
③ 새로운 알고리즘을 만들지 않는다.

즉 테러 예방을 위한 감시를 하되 시민의 사생활 침해를 최소화하기 위해 모든 카메라를 다 확인하지는 않는다. 알고리즘이 의심스럽다고 판단하는 것만 관리자가 보는 방식이다. 이를 위해 알고리즘은 개별 사항들, 예를 들어 주인 없는 가방을 발견하는 알고리즘, 그 가방을 들고 이동했던 사람의 형태를 감지하는 알고리즘을 확률적으로 파악해 결합하게 된다. 그 결과 특정한 확률 이상으로 가방의 정체가 의심스러워질 때 비로소 관리자에게 경보가 전해진다.

알고리즘 기반 조직의 의미는 다음과 같다. 알고리즘은 의심 사례를 미리 규정하지 않는다. 알고리즘은 관리자인 인간이나 카메라에 포착되는 인간 모두에게 특정한 역할 행동을 미리 규정하지 않는다. 관료제적 조직이 인간의 행위와 소통을 미리 규정하고 여기에서 벗어나는 것을 배제하는 방식을 따른다면, 알고리즘은 모든 행동을 가능한 것으로 전제하고 각 행동에 일정한 확률 값을 부여한다. 그리고 개별적인 사항을 결합했을 때 예측되는 확률을 계산한다. 이 확률은 추후 관찰을 통해 지속적으로 갱신되고 보정된다. 즉 알고리즘은 지속적인 적응력으로 적합성을 유지하고 향상시키며 안정성을 높인다.

이처럼 고도의 인공지능과 결합한 알고리즘 조직은 조직 전체의 방향 설정과 관련된 일련의 정치적 과정을 불필요하게 만들고 있다. IT 자문기관 가트너Gartner의 2019 보고서는 주목할 만한 기술적 변화로 '그림자 인공지능Shadow AI'의 성장을 들고 있다. 모든 기업 조직이 머신 러닝과 인공지능 기술을 체득할 수 없는 현실에서, 데이터만 들고 오면 맞춤형 의사 결정 인공지능을 제공하는 플랫폼을 '그림자 인공지능'이라고 한다. 조직의 중요한 의사결정 일체를 자동화하는 인공지능 조직 기술은 사실상 경영권자의 축소 혹은 소멸을 겨냥한다.

인공지능이 장악한 인간이 사라진 조직의 미래를 예측하며, 역설적으로 조직의 정치적 의사 결정 과정이 인간 조직이 지켜야 할 중요한 덕목으로 주목받는다. 조직의 정치적 의사 결정은 이성적이고 합리적인 판단 외에도 윤리적 판단 또한 포함되기 때문이다.

인공지능 조직 기술 앞에서 우리는 다음과 같은 질문을 던져 본다.

"조직에서 우리가 지키고 실현해야 할 윤리는 무엇인가? 사회적 가치란 이 윤리와 같은 것인가? 만약 같다면 사회적 가치는 오직 의사 결정권을 가진 인간만이 정의하고 추구할 수 있는 것인가? 사회적 가치가 개별 인간의 자기 이해를 넘어서 중립적이고 장기적인 안목에서 결정되어야 하는 것이라면 오히려 기계적 함수가 더 잘 정의해 줄 수 있는 것이 아닌가?"

알고리즘 조직의 도래는 전통적 조직 이론의 지평을 넘어섬으로써 이처럼 우리에게 근원적인 문제를 제기한다.

혁신에 저항하는
사람들

⬦

산업을 넘어 사회 전체는 혁명적 변화가 필요한 선택의 갈림길에 있다. 이런 시기에 공존을 위한 사회적 가치 추구가 아닌 특정 개인이나 조직의 이익을 위해 기술의 발달을 활용하거나 아예 외면하고 거부한다면, 그 결과는 고립과 퇴보를 넘어 결국 공멸로 향할지도 모른다.

산업화의 1차 갈림길에서 대량생산 포디즘Fordism이 등장했고, 석유파동 후 2차 갈림길에선 일본식 산업 체계가 부상했다. 그리고 2019년, 우리는 새로운 갈림길에 서 있다. IT와 인터넷이 만든 초연결 사회에 빠르게 적응한 구글이나 애플 같은 플랫폼 기업이 전통적 강자들을 몰아냈다. 내연기관 자동차를 전기차와 자율 주행 자동차가 대체하고 뿌리 깊은 소유 관념을 공유나 구독이 대체하고 있다. 거래 비용이 감소하다 보니 모든 것을 내부화한 위계적 기업의 존립 근거가 해체되고 조직 경계가 무의미해졌다. 수평으로 연결된 개인들이 만든 협동 생산이 점점 중요해지고 개념 구상부터 해법 실행까지 탈중심화하고 있다. 인공지능의 발전으로 인지, 생산, 소비 간 구분이나 물질과 정신 간 구분이 흐려졌다. 기술 비약의 시대, 혁신과 창조성을 기반으로 중국 경제는 첨단 기술의 거대한 파도가 되어 한국을 위협한다.

산업을 넘어 사회 전체는 혁명적 변화가 필요한 선택의 갈림길에 있다. 이런 시기에 공존을 위한 사회적 가치 추구가 아닌 특정 개인이나 조직의 이익을 위해 기술의 발달을 활용한다거나 아예 외면하고 거부해 버린다면, 그 결과는 고립과 퇴보를 넘어 결국 공멸로 향할지도 모른다.

세 번째 갈림길

지금으로부터 100년 전, 휘발유 엔진의 발명으로 자동차 산업은 크게 두 갈래 길이 열렸다. 최고급 자동차를 주문 생산해 부유층에게 비싸게 파는 길과 값싼 자동차를 대량 생산해 일반 시민들에게 두루 판매하는 두 가지 길. 카를 벤츠 Karl F. Benz가 최초의 자동차를 만든 독일은 전자를 택하고 미국은 후자를 택했는데, 자동차 기술을 산업화하는 데 성공한 것은 미국의 헨리 포드 Henry Ford였다. 1913년 T형 자동차 공장에서 시작해 세계적 대량생산 시스템으로 자리 잡은 포디즘은 2차 세계대전 이후 미국 헤게모니 Hegemony의 산업적 토대가 됐다.

MIT 교수였던 마이클 피오레Michael J. Piore와 찰스 세이블Charles F. Sabel은 그들의 저서인 《The Second Industrial Divide》에서 포디즘 성공의 가장 큰 요인을 기계화에 반대할 숙련 노동자가 없었다는 점과 고가 자동차의 잠재적 수요자인 지주층이 남북전쟁에서 패배해 몰락한 데서 찾았다. 몰려드는 이민자와 목화밭에서 해방된 흑인들로 산업도시엔 값싼 노동력이 넘쳐났다.

노동력이 넘치니 기계화할 이유가 전혀 없는 데도 비싼 설비투자를 요구하는 대량생산을 택한 이유는 '임금 주도 성장' 때문이었다. 진보적인 노동법의 보호 아래에서 조직률이 70%까지 치솟은 노조는 교섭력을 배경으로 최저임금을 대폭 올리고 물가·임금 연동제를 정착시켰는데, 임금 인상은 노동자의 구매력 증가로 이어져 수요를 대폭 촉진했다.

대량생산이 세계적 표준으로 자리매김한 결정적 계기는 두 차례의 세계대전인데, "분업의 심화는 수요가 확대돼야 가능하다."는 애덤 스미스Adam Smith의 명제를 확실히 증명했다. 참전 2년 만에 28만 대의 비행기와 250만 대의 자동차를 비롯해 대포와 탱크를 쏟아 낸 미국의 물량전 앞에 장인 생산의 모범국 독일과 일본의 패배는 예견된 일이었다.

50년 전, 세계를 뒤흔든 석유파동과 함께 두 번째 갈림길이 나타났다. 포디즘은 쇠락의 길로 들어섰다. 주된 원인은 역설적으로 기득권이 되어 버린 노조와 수요 팽창을 견인해 온 케

인지언Keynesian적 규제의 경직성이었다. 내구성 소비재 시장은 포화되었고, 석유파동과 밀 흉작은 고임금과 복잡한 규제로 굳어진 시스템에 큰 충격을 주었으며, 저성장의 늪에 빠져 경쟁력을 잃은 미국 제조업은 공동화空洞化되었다.

일본이 택한 길은 다품종 소량 생산이었다. 가성비 뛰어난 도요타와 혼다의 소형차들이 세계의 틈새시장을 공략했다. 그 성공 원인은 단출한 재고, 신속한 대응, 다기능 숙련 노동력, 화합적 노사 관계, 상생적 대·중소 기업 간 하도급 거래망 등이었다. 이런 신속하고 유연한 생산 방식은 종신 고용과 연공형 임금으로 대표되는 확실한 고용 안정성 덕분에 가능했다.

이렇듯 과거에 성공한 길은 기술의 진보만으로 이루어지지 않았다. 과감한 사회 혁신과 기득권 해체, 사회적 안전장치 마련으로 기술 변화에 대한 수용성을 확대하는 제도 개혁이 받쳐 주었기에 가능한 일이었다.

2019년, 세계는 4차 산업혁명의 혁신적 변화를 맞아 다시 갈림길에 섰고 더욱 적극적이고 과감한 선택을 이어가고 있다. 그러나 안타깝게도 현재 우리 정부와 노조는 흘러간 가요를 틀고 있다. '임금'을 대체한 '소득'주도성장이나 최저임금 인상은 흘러간 80년 전 레퍼토리다. 강성 노조는 "단결!"이라 외치는데, 국민은 불공정하게 비정규직을 차별하는 "기득권 수호!"로 듣는다.

현재 우리 사회 곳곳에서 특정 집단의 기득권을 유지하기 위해 저항이 심하다. 제도와 규제의 경직성은 한 치의 혁신도 허락하지 않는다. 생산성은 떨어지지만 지난 28년간 끊임없이 임금 인상을 요구하며 파업해 온 현대자동차 노조나 택시업계의 파업 앞에 주저앉은 우버나 카풀, 기득권의 반대로 무위로 돌아간 광주형 일자리, 겹겹의 규제 앞에 좌절해 자율 주행 자동차의 사업화 창구를 외국으로 돌린 일만 하더라도 그렇다. 변화의 갈림길에서 발전이 아닌 퇴보를 선택한 안타깝고 위험한 행보가 아닐까.

새로운 혁신의 길로 들어서기 위해서는 '유연하고 안전한' 노동시장이 필수적이다. 그런데 기득권 집단의 과감한 양보와 변화 과정의 탈락자를 사회적 위험으로부터 보호할 안전망에 대한 확실한 투자 없이는 한 발짝도 나아갈 수 없다. 세월이 지난 뒤 어디에선가 한숨지으며 프로스트의 시를 읊지 않기를 기원한다. '마땅히 가야 할 길을 가지 않았다고, 그리고 그것이 우리의 모든 것을 바꾸어 놓았다고.'

3장

조직의 미래 전략,
커넥트 파워

CONNECT POWER

공생할 것인가,
공멸할 것인가

───────────○───────────

더없이 유용한 조리 도구인 칼도 잘못 사용하면 잔인한 흉기가 될 수 있듯이, 데이터도 그르게 활용할 경우 인류 전체를 공멸로 몰아갈 위험이 있다. 수많은 사람이 참여하고 연결되면서 만들어지는 데이터 세상이 협력과 공유의 가치와 결합하지 못하면 데이터가 인간을 지배하는 끔찍한 미래가 올 수도 있다.

변화는 겉과 속이 함께 바뀌는 것이다. 겉은 달라지는데 속이 그대로라면 진정한 변화라 할 수 없을뿐더러 변화를 추진하는 기간 내내 삐걱거림을 피할 수 없다. 기술혁신도 마찬가지다. 불안함을 동반한 편리함이 확산되는 이 기술혁신의 시대에 제대로 대응하기 위헤서는 조직 혁신은 물론이고 조직 내 구성원들의 가치 혁신이 무엇보다 중요하다.

위계적이고 폐쇄적인 조직을 과감히 열린 네트워크, 유연한 연결, 데이터 기반 업무 형태로 변화시켜야 한다. 또한 근대주의, 성장 주의, 물질주의에 기초한 가치 체계를 근원적인 성찰과 재구성을 통해 변화에 걸맞게 바꾸려는 노력이 필요하다. 경쟁 주의, 효율주의, 유동성, 성취 지향, 업적주의 등이 바람직한 가치관으로 인정받는 곳에서 조직 역시 위계적이고 폐쇄적인 구조가 될 가능성이 크다.

데이터 공유를 제도화하라

1인 가구가 증가하고 혼밥과 혼영 등 혼자인 삶을 즐기는 사람들이 늘고 있다지만 이 현상이 인간 소외와 고립을 의미하는 것은 아니다. 인간은 다른 사람과 함께 더불어 사는 존재이며, 디지털 혁명이 진행되는 21세기에 이 사실은 더더욱 또렷해진다. 이제 물리적으로 혼자 있더라도 정보와 네트워크로 얽힌 세계로부터 벗어날 길이 없다. 굳이 SNS 활동으로 타인과 능동적인 교류를 하지 않더라도, 대중교통을 이용하며 카드를 읽히거나 스마트폰에서 검색어를 입력하는 순간 우리는 타인과 연결된 네트워크에 접속해 데이터를 만들고 활용하게 된다.

오늘날은 데이터가 자산이 될 뿐 아니라 삶의 기본 환경이 된 시대다. 실제로 개인의 일상생활과 시민적 참여가 모두 데이터 기반 방식으로 변하고 있다. 그 누구도 데이터를 무시하거나 네트워크를 벗어나 살기 어렵다.

인공지능, 사물인터넷, 열린 네트워크, 공유 경제 등 4차 산업혁명의 혁신적인 결과를 이끈 것은 다름 아닌 우리가 만들어 낸 데이터다. 데이터가 없다면 인공지능 로봇은 쇳덩이에 불과하고 사물과 사람이 서로 연결되어 소통하는 것은 상상 속에서나 가능한 일이다. 이처럼 데이터의 유용성과 중요성이 더욱 커지는 만큼 데이터의 소유권과 활용권에 대해서도 적극적으로 관심을 가질 필요가 있다.

더없이 유용한 조리 도구인 칼도 잘못 사용하면 잔인한 흉기가 될 수 있듯이, 데이터도 그르게 활용할 경우 인류 전체를 공멸로 몰아갈 위험이 있다. 수많은 사람이 참여하고 연결되면서 만들어지는 데이터 세상이 협력과 공유의 가치와 결합하지 못하면 데이터가 인간을 지배하는 끔찍한 미래가 올 수도 있다. 영화 〈매트릭스〉가 그렸던 그 우울한 미래상에서 멀어지려면, 디지털화가 제공하는 플랫폼의 역량이 소수 기업이나 정부의 독점권 강화로 이어지지 않도록 제도적 보완이 필수적이다.

구글과 아마존, 페이스북의 힘은 앞으로도 계속될 것이고 이것이 교육, 의료, 문화, 예술 등 인간 삶의 전 영역에 어마어마한 영향을 끼칠 것이다. 이러한 데이터의 소유와 활용을 규제할 것인가, 허용할 것인가의 이분법적 대응은 바람직하지 않다. 기술혁신을 규제로 대응하는 것은 나후한 방식이고 허용이라는 이름으로 내버려 두는 것 역시 무책임하다. 변화를 적극 받아들이되 올바른 방향으로 이끌려면, 새로운 기술혁신과 정보환경에 걸맞은 협력과 공유의 제도화가 활발히 추진되어야 한다.

우리 삶 곳곳에서는 적지 않은 문제가 발생한다. 개인의 모든 일상이 기록된 정보가 나의 의지와 무관하게 상품화되거나 활용되고 있다. 이 문제를 어디까지 허용하고 규제할 것인가는 시급히 해결해야 할 눈앞의 쟁점이다. 병원의 모든 의료 기록이 인공지능의 진단과 치료를 돕는 자료로 활용될 경우 그 긍정적 효과와 개인 프라이버시 침해 간의 문제를 어떻게 해결할 것인가도 당장 답을 찾아야 한다. 뿐만 아니다. 빅데이터를 만든 주체로서의 시민 권리 확장은 물론이고 데이터를 공유 자원으로 활용하여 공유 경제와 공유 인프라를 구축하는 일도 중요한 과제다.

공존의 가치를 뿌리내리자

디지털 혁명과 함께 조직에 기초한 구권력이 기술 기반의 신권력으로 대체되고 있다. 실제로 새로운 권력은 곳곳에서 그 실체를 드러내고 있고, 구권력과의 긴장을 심화시키는 중이다. 그런데 이런 신권력은 단순히 기술적 효율성이나 도구적 합리성의 증대에 기반한 것이 아니다. 오히려 가치를 만들어 내는 방식의 근본적 변화가 사람과 사물, 정보와 네트워크를 활용하는 방식과 결합한 데서 신권력의 출발점을 찾을 수 있다.

신권력을 가능하게 하는 가치는 협동, 공유, 배려, 창의, 공존, 신뢰 같은 것들이다. 따라서 디지털 혁신이 바람직한 결과로 이어지려면 이런 가치 체계가 새로운 조직 형식과 연결되어야 한다. 조직을 이끄는 리더십의 내용과 형태를 변화시키고 다양한 영역에서의 공존 가치 확산을 위해 지속적인 교육이 필요하다.

리더는 조직 내 정보 통신 기술의 적극적인 도입은 물론이고 구성원들 사이에 아이디어가 확산될 수 있도록 원활한 소통을 유도해야 한다. 또 조직의 울타리를 벗어나 공동체 전반의 생태계를 고려하는 폭넓은 시야와 열정도 필수 요소다. 즉 자신의 조직 효율성과 이윤에만 집착하는 것이 아니라 사회 전체 이익과 공존의 가치 실현을 지향하는 아량도 갖춰야 한다. 그리고 리더의 이러한 가치가 조직 내부에 깊이 스며들도록 스스로 모범을 보여야 하며 구성원들을 긍정적이고 능동적으로 교육하고 이끌어 나가야 한다.

교육은 학교, 가정, 종교, 언론 등 모든 영역에서 더불어 사는 삶, 협력을 통해 얻는 이익을 지속적으로 가르치고 확산해야 한다. 특히 개별 조직 단위에서 이런 가치를 강조하고 이에 입각한 평가 방식을 채택하고자 애쓸 필요가 있다. 사람들을 단순한 소비자나 수동적 연결자가 아닌 적극적 참여자, 의미의 창출자가 될 수 있도록 의미를 공유하고 참여 동기를 북돋아야 한다. 인정, 보상, 권한, 책임, 신뢰와 규율의 복합적 균형이 유지되고 열혈 참여자들의 자발적 헌신이 확보되는 것도 이런 정신과 가치, 공감이 확보될 때 가능한 일이다. 무엇보다 사회적으로 영향력이 큰 기업과 공공 기관이 성과 주의, 효율주의, 결과주의에 매몰되지 않고 공공의 사회적 가치를 강조하는 방향으로 변화하면서 가치 중심의 거버넌스Governance를 구축해야 할 것이다.

한국의 지난 근대화 과정에서 확인된 역동성은 경쟁 주의만으로 생겨난 것이 아니다. 오히려 서로 다른 가치가 공존하면서 적절한 균형이 유지된 것이 큰 힘으로 작용했다. 즉 집단주의와 개인주의, 물질주의와 정신주의, 규율 주의와 반규율 주의, 민족주의와 세계주의 등이 독특한 방식으로 공존하는 구조적 특성이 역설적으로 한국의 성공적 근대화를 이끈 것이다.

최근 개인주의와 물질주의로 가치 체계가 동질화되는 것은 한국 사회의 중요한 자산이 소멸하고 있음을 알리는 부정적 징후다. 따라서 다양성을 인정하면서도 극단적인 개인 이익의 추구로 흐르지 않고 사회 전반의 공정성, 신뢰, 공감을 확대할 가치의 생태 환경이 조성되어야 한다.

공유 경제의
두 얼굴

공유 경제는 개인이 여가 시간이나 재능, 자산을 효율적으로 활용할 수 있다는 장점 이면에 고용 안정성을 확보할 수 없다는 문제점도 있다. 과거에는 조직에 소속되어 고정된 임금과 보험, 노동법으로 보호받았으나, 공유 비즈니스에서 개인은 고용인이 아닌 프리랜서로서 노동하기 때문에 현재 제도로는 보호받기 어렵다.

기술 발전은 대체로 인간을 이롭게 하는 목적으로 이루어져 왔다. 생물학과 의학의 발전은 인간의 질병을 치료하고 수명을 연장해 주었고, 물리학과 화학의 발전은 자연현상을 통제할 수 있게 인간의 영향력을 더욱 확대시켰다. 덕분에 값싼 에너지원을 얻거나 새로운 재료와 함께 인간의 삶에 필요한 물건 생산이 더욱 용이해졌다. 이외에도 기술의 발전이 삶에 주는 긍정적인 효과는 무수히 많다. 특히 근래 들어 급격하게 발전하는 정보 통신 기술이 인간의 소통과 교류, 물질 등을 빠르고 정확하게 통제하면서 삶을 더욱 편리하게 만들어 준다.

물론 기술 발전의 결과와 영향이 늘 낙관적인 것은 아니다. 어떤 기술이 개발되고 어떻게 활용되는가에 따라 상이한 결과를 가져온다. 기술이 인간에게 파국적 결과를 가져온 예로는 전쟁에서 인명살상 용도로 개발된 원자력의 활용을 들 수 있다. 정보 통신 기술의 발달 또한 프라이버시와 개인 정보 침해, 인터넷 혹은 스마트폰 중독 등의 문제를 야기하기도 했다. 이러한 문제는 잘못된 기술 활용 탓이 아니라 기술 발전의 방향 자체가 부정적으로 왜곡된 결과라고 볼 수 있다.

소통과 협의로 세심한 포용을

우리 일상 깊숙이 파고든 공유 경제는 앞서 말했듯 사회의 다양한 부분에서 긍정적인 결과를 가져오고 있다. 그러나 한편으론 공유 경제를 향한 비판적 시각을 경청하면서 공유 경제가 야기할 새로운 사회문제 또한 세심히 살펴야 한다.

공유 경제로 비롯된 대표적인 사회문제는 전통적인 기업 공급자와의 갈등이다. 승차 공유 서비스를 제공하는 기업인 우버는 지난 2013년 한국 시장에 진출했지만 2년 만에 철수해야 했다. 기존 택시 사업자들과 생긴 분쟁이 가장 큰 원인이었다. 택시 기사가 아닌 일반인이 자신의 차량으로 기사 역할까지 하니 택시 기사의 입장에선 생존권의 위협을 느낀 것이다. 이후 우버는 한국 시장으로 진출하기 위해 다양한 시도를 했고, 결국 2019년에 중형 택시를 대상으로 우버택시를 확대하면서 택시와 협업하는 전략으로 성공적인 안착을 꾀했다. 우버는 그나마 전략 수정으로 기존 공급자와 갈등을 해결했지만 아직도 이렇다 할 답을 찾지 못해 분쟁 중인 공유 기업이 적지 않다.

또한 공유 경제는 개인이 여가 시간이나 재능, 자산을 효율적으로 활용할 수 있다는 장점 이면에 고용 안정성을 확보할 수 없다는 문제점도 있다. 과거에는 조직에 소속되어 고정된 임금과 보험, 노동법으로 보호받았으나, 공유 비즈니스에서 개인은 고용인이 아닌 프리랜서로서 노동하기 때문에 현재 제도로는 보호받기 어렵다. 특히 영리 추구형 온라인 플랫폼 기업들은 개인과 개인 간의 거래에서 중개인의 역할만을 하고 있어 공급자로서의 책임에서 자유롭다. 때문에 불안정한 임금과 각종 위험은 거래에 참여한 개인에게 고스란히 전가된다.

공유 경제의 단점과 문제에도 불구하고 변화의 속도와 규모로 보았을 때 이 흐름을 거스르기는 힘들다. 그러니 공유 경제의 장점을 살리고 단점을 줄여 가는 방향으로 변화에 적극 대응하고, 나아가 변화를 이끌어 가는 움직임이 필요하다. 이를 위해선 먼저 공유 비즈니스가 정당하고 공정하게 운영될 수 있도록 제도를 마련해야 한다. 새로운 비즈니스는 기존 규제와 충돌할 수밖에 없다. 새로운 기회를 억누르는 제도는 비효율적이며 관료적인 편이다. 그러나 적절한 규제 없이는 기존 산업과 공유 경제에 종사하는 노동자들이 공존하기 어렵다. 꼭 알맞은 규제가 어느 정도 선인가는 모호한 측면이 있으나 분명한 것은 정부, 기존 사업자, 신규 공유 경제 사업자 간의 공개적인 토론과 타협을 통해 규제 내용이 결정되어야 한다는 점이다.

또한 공유 경제 플랫폼이 이미 포화 상태인 시장으로 새로이 진입하기 위해서는 기존 사업자와 차별화된 서비스를 제공하거나 소비자에게 다양한 선택지를 주는 방향으로 가야 한다. 그래야 과도한 경쟁을 피할 수 있고 소비자와 공급자 모두에게 득이 되는 결과를 창출할 수 있다.

뿐만 아니다. 플랫폼 기업은 교환과 관련된 모든 위험이 노동자 혹은 개인 공급자에게만 전가되지 않도록 책임을 나누어지는 방법도 찾아야 할 것이다. 에어비앤비가 수요자가 공급자의 공간에 손상을 입혔을 경우 피해의 정도에 따라 보상해 주는 제도를 마련한 것처럼 말이다.

더불어 불특정 다수가 제공하고 사용하는 서비스의 질을 보장하기 위해서는 공급자와 수요자 간에 정확한 정보를 전달하고, 무엇보다 서로의 취향에 잘 맞도록 연결해 주는 시스템이 필요하다. 또한 개인과 개인이 서로 믿을 수 있는 수단을 제공하는 일이 선행되어야 한다. 앞서 언급했듯 빅데이터 혹은 블록체인 등의 기술 발전은 개인과 개인 사이의 신뢰 구축에 큰 도움을 줄 것이다.

무엇보다 중요한 것은 공유 경제가 본래의 개념적 정의에

어긋나지 않도록 사회적으로 보다 긍정적인 역할을 수행하는 일이다. 공유 경제가 자본주의의 대안이 될 수 있을지는 아직 분명하지 않은 상황이지만, 소비자 중심의 경제 시스템이 거대 자본을 가진 공급자 위주로 흘러온 자본주의의 단점을 보완하는 데 기여할 수 있어야 한다. 이를 위해서는 공유 경제가 본래의 의미를 상실하고 거대 플랫폼 기업의 또 다른 독점으로 이어지지 않게 주의를 기울이고, 환경친화적인 방향으로 지속 가능한 발전에 도움이 되는 길을 모색할 필요가 있다.

데이터의 사회화 vs.
데이터의 시장화

<hr>

네트워크 사회에서 서로 복잡하게 얽혀서 가치를 생산하는 다양한 데이터의 결합을 분해하고, 개별 데이터 노동자의 기여가 측정 가능한 노동시장 플랫폼이 구현될 수 있을까? 우리는 이미 '플랫폼 노동자'를 사회 곳곳에서 목격하기도 하지만, 이러한 노동 아직은 택배 배달이나 아마존 메커니컬 터크처럼 이상적 노동의 모습과는 거리가 먼 곳에서 주로 관찰된다.

현재의 데이터 자본화에 기반한 데이터 경제가 지속 가능한지에 대해서는 다양한 방향에서 문제가 제기되고 있다. 언론에서는 새로운 반독점 제도가 필요하다고 주장하며 앞서 말한 기본 소득에 관한 논의도 진지하게 전개되는 중이다. 그런가 하면 데이터의 자본화를 근본적으로 막거나 글렌 웨일의 주장처럼 노동에 귀속시켜 보상할 방법을 찾고 있기도 하다.

지속 가능한 사회를 위한 해결책을 모색한다는 관점에서 해석해 보자면, 자본으로서의 데이터는 소유의 사회화 운동으로, 노동으로서의 데이터는 소유의 시장화 운동으로 귀결된다. 즉

전자는 데이터 경제 시대에 생산되는 데이터는 공공재의 성격이 강함을 인정하고 공공재 구축에 대한 보상을 공공적으로, 즉 기본 소득과 같은 형태로 해 줘야 사회경제 체계가 지속 가능하다고 생각한다. 반면 후자는 데이터는 사적 소유의 대상인데 현재 데이터 소유권은 비민주적으로 독점되고 있어서 데이터 경제의 가치 극대화를 저해하고 있다고 본다. 따라서 생산된 데이터의 가치에 비례해 개별 보상을 해 줄 데이터 노동시장이 형성되어야 한다고 판단한다.

정답은 없다, '공정성'을 추구하며 최선을 모색하자

어느 입장이 더 타당하고 어느 입장의 해결책이 더 실현 가능할까? 이 두 질문의 대답이 꼭 일치하지 않을 수도 있다. 데이터를 노동으로 봐야 한다고 생각하지만 현실적으로 이러한 노동에 대한 보상은 기본 소득 형태가 될 수밖에 없다고 진단할 수도 있다. 또 데이터는 자본으로 소유되어야 기업가 정신이 발휘될 거라고 생각하면서도 데이터 생산에 대한 보상은 플랫폼 유저 간 차별적으로 주어져야 한다는 의견이 있을지도 모른다.

무엇이 도출되든 각 해법을 구현하기 위한 사회제도의 조건이 존재한다. 우선 기본 소득을 실현하기 위해서는 국가를 넘어 세계적 거버넌스 차원에서 강력한 규제와 합의가 필요하다.

데이터의 흐름과 결합은 이미 국가 간 경계를 넘어섰을 뿐 아니라 초국적으로 보인다. 자본이 초국적이 되었을 때 자본세를 거두어들일 방법이 제대로 모색되지 않는다면, 자본으로서의 데이터에서 발생한 수익을 활용해 소득 재분배를 이루기는 힘들다. 결국 급부상한 데이터 경제의 지속 가능성을 찾는 과정은 금융 자본주의의 부작용을 최소화하고 재분배를 모색하는 것과 크게 다르지 않을 것이다.

이러한 해법이 너무 요원하다고 생각된다면 웨일과 동료들처럼 데이터를 노동으로 인정하고 데이터 생산을 보상할 방법을 찾아볼 수 있다. 그런데 이처럼 데이터 기여에 대해 차별적 보상을 해 주기 위해서는 먼저 데이터 노동시장이 제도적으로 발달해야 한다. 생각만큼 간단한 일이 아니다. 데이터 노동시장은 초연결 사회에서 사용자 개개인이 생산한 데이터의 기여도를 기술적으로 정확하게 측정할 방법을 찾아야만 구현이 가능하다.

물론 사용자 개개인이 생산한 데이터의 기여도를 이론적으로는 측정할 수도 있다. 복잡하긴 하겠지만 누구의 데이터가 더 양질의 것인지 질적인 측면에서 데이터 기여분을 측정하고 보상하는 일은 가능할 것이다. 그러나 데이터가 폭발적으로 수익을 내는 과정은 단순히 특정 데이터 소스가 다른 소스에 비해 기여도가 높기 때문이 아니라, 다양한 데이터 소스 간의 결합에서 발생한다는 점을 고려할 필요가 있다. 이때 기여분을 측정해 보상한다는 것이 과연 특수한 종류의 데이터 생산을 넘어 보편화될 수 있는 기술일지 가늠하기 어렵다.

네트워크 사회에서 서로 복잡하게 얽혀서 가치를 생산하는 다양한 데이터의 결합을 분해하고, 개별 데이터 노동자의 기여가 측정 가능한 노동시장 플랫폼이 구현될 수 있을까? 우리는 이미 플랫폼 노동자를 사회 곳곳에서 목격하기도 하지만, 이러한 노동은 아직 택배 배달이나 아마존 메커니컬 터크Amazon Mechanical Turks처럼 이상적 노동의 모습과는 거리가 먼 곳에서 주로 관찰된다.

어쩌면 데이터 생산에서 디지털 존엄성을 확보해 줄 만한 수준의 노동시장 플랫폼을 기술적으로 구현하기란 쉽지 않을 것이다. 그럼에도 희망을 가져 보자면 현재 블록체인 기술이 가장 가깝지 않을까 싶다. 블록체인은 적어도 온라인상의 모든 거래를 기록하고 보존하는 것이 가능하다. 중앙 통제 없는 신뢰의 기술적 구현 혹은 기술에 기반한 진정한 민주화가 실현될 수도 있다. 이런 기술적 환경이라면 우리가 디지털 세상에 남긴 흔적의 가치를 인정받고 대가를 지불받는 시장이 형성될지도 모른다.

만약 데이터 노동을 시장화할 경우 데이터를 생산해 온 사용자들이 지금보다 더 풍요로워질 것인가? 그 대답은 크리스 앤더슨의 저서 《롱테일 경제학》에서 유추해 볼 수 있다. 저자가 이 책에서 사용한 '시장의 민주화'라는 표현처럼 과거에는 판매 기회조차 얻지 못했던 소수 취향의 상품들이 지식 정보 기술을 기반으로 한 유통시장에서는 재조명되고 발굴되어 판매된다. 덕분에 소비자는 다양한 상품을 발견하고 구매할 기회를 얻고 있으며, 소수 상품들은 상품별 판매 순위 그래프에서 롱테일로 나타나고 있다.

그렇다면 판매 시장의 민주화는 소수 생산자를 더 풍요롭게 만들었을까? 롱테일 경제학의 현실을 상품별 판매 순위가 아닌 기업별 순위로 바꿔 그래프를 다시 그려 보면 전혀 다른 비전이 보인다. 시장의 민주화는 기업 간 순이익의 극심한 불평등을 의미하며 민주화된 시장은 아마존이라는 유통기업의 대표를 세계 최고의 부자로 만들어 주었다.

개인도 크게 다르지 않다. 현대의 영향력 있는 1인 크리에이터 혹은 인플루언서라 불리는 디지털 콘텐츠 생산자들은 광고 수입만으로도 일반인은 상상하기 힘든 상당한 소득을 벌어들인다. 이 생산자들은 오늘날의 경제 제도하에서 아마도 유일하게 본인들이 생산한 데이터에서 간접적으로 큰 보상을 받는 집단일 것이다.

기업이 어떤 기준으로 얼마나 대가를 지불하느냐에 따라 다르겠지만 데이터 생산 자체에 대한 보상까지 주어질 때 데이터 생산자 간 소득 불평등은 지금보다 훨씬 더 심화될 것이다.

결과적으로 데이터를 노동으로 인정하고 보상하자는 관점은 근본적으로 노동 친화적 관점과는 상관이 없다. 더불어 데이터를 자본으로 인정하고 대안을 모색하자는 관점 역시 자본 친화적일 필요는 없다. 다만 데이터를 노동으로 인정하자는 관점은 데이터의 시장화를 모색하며, 데이터를 자본으로 인정하자는 관점은 데이터 생산의 사회적 성격을 받아들이고 재분배할 방법을 찾을 뿐이다. 기본 소득이나 블록체인에 의한 분배중 어떤 것도 본격적으로 실행되지 않은 현재에는 이 정도 정리가 최선일 것이다.

지식정보산업에 속하는 거대 기업의 성공은 좋은 데이터를 얼마나 소유하느냐와 직결된다. 열린 네트워크에서 새로운 가치 지향을 실현하기 위해 우리가 생산하는 데이터조차 현대 자본주의 경제의 특징과 결합해 플랫폼 독재와 이익을 독차지하는 디지털 독점형(142P 참고) 경제를 공고히 할 가능성이 있다. 그리고 데이터를 노동의 산물로 인정받고자 하는 대안 역시 의도하지 않은 가능성으로부터 자유롭지 못하다. 데이터를 생산한 모든 노동에 보상을 해 주려는 의도가 그 보상이 공평하게 분배되는 결과로 이어지지는 않기 때문이다.

조직 자체가
플랫폼화된다면?

───────────○───────────

조직 자체가 플랫폼화될 경우 자본이 아닌 노동으로 자리 잡은 데이터가 자산화되어 자본 시장에 다시 편입된다는 것이 어떤 결과를 가져올지 숙고해야 한다. 데이터의 시장화 혹은 노동으로서 데이터 생산을 보상받는 사회는 금융자본의 성장에 포섭될 가능성이 있다.

프로스포츠 리그에서 선수는 구단의 자산이다. 선수는 구단 간 트레이드를 비롯해 복잡한 투자 기법의 적용 대상이며, 이러한 거래 결과로 선수는 갑자기 소속 구단이 바뀌면서 며칠 만에 급히 생활의 터전을 옮겨야 하는 일도 생긴다. 선수의 계약에 트레이드 거부권이 명시되어 있지 않은 한 선수를 트레이드할 때 구단은 선수의 동의나 갑작스러운 환경 변화의 불편함 같은 인간적 요소를 고려해 줄 의무는 없다.

인공지능학자 제리 카플란Jerry Kaplan은 기계 학습에 기반한 로봇과 인공지능이 인간의 직업을 대체할 상황에 대비해, 보통의 노동시장에 속한 노동자들도 프로스포츠 선수처럼 기대 생산력에 근거해 스스로를 자산화할 것을 제안한다. 그렇게 하면 그 자산을 근거로 직업 대출 제도를 만들고 효율적인 재교육과 직업 이동을 시킬 수 있을 것이라 예측한다.

거시적인 시각으로 데이터 노동의 나비효과를 살펴라

현재 직업이 없더라도 '나'라는 미래 자산을 담보로 대출받을 수 있는 사회는 과연 구현 가능할까? 그러한 사회의 모습이 구체적으로 떠오르지 않는다면 다음과 같은 사회를 상상해 보자. 디지털 정보화와 민주화의 발달로 모든 시민의 노동은 블록체인에 기록된다. 여기서 말하는 노동은 공식적 일터에서의 노동뿐 아니라 내가 온라인에서 생산한 데이터 가치까지 포함한다. 몸에 부착한 센서를 통해 자동으로 이송되는 나의 이동 정보나 체온, 맥박 등도 데이터가 되고 가치를 생산한다. 내가 소셜 미디어에 올린 글이나 영상은 특정 기관에 등록하지 않고도 사실상 저작권을 보호받으며, 많은 사람의 추천을 받거나 링크를 타고 전파될수록 내 점수는 올라간다. 그런데 이러한 서작권이 암호 화폐로까지 거래가 가능하다.

상상을 이어가서 이제 디지털 노동으로 쌓은 암호 화폐가 제도권 금융시장에서 자산으로 인정받는다고 해 보자. 나의 디지털 노동은 각종 금융 상품의 투자 대상인 자산이기도 한 것이다. 이처럼 나의 일상적 행동부터 지적인 활동까지 플랫폼 노동으로 인정받는 세상이 온다는 것 혹은 자본이 아닌 노동으로서 데이터를 인정받는 세상이 온다는 것은 노동의 자산화, 나아가 금융시장과의 연동 가능성을 높이는 세상이 도래한 것을 의미한다.

이러한 전망처럼 노동조직이 플랫폼화될 경우 자본이 아닌 노동으로 자리 잡은 데이터가 자산화되어 자본 시장에 다시 편입된다는 것이 어떤 결과를 가져올지 숙고해야 한다. 데이터의 시장화 혹은 노동으로서 데이터 생산을 보상받는 사회는 금융자본의 성장에 포섭될 가능성이 있다. 물론 블록체인 기술은 기존 금융시장을 대체하거나 축소하는 대안 금융을 성장시킬 것이라 전망할 수 있다. 은행에 신용을 맡길 필요 없이 개인 간 거래가 가능하기 때문이다. 그러나 온라인 플랫폼에 기반하는 개인 간 대출 시장은 기관 투자가들에게 크게 의존하고 있어서 2015년 26% 정도에서 2017년 이미 40% 정도로 기관 펀드 비중이 증가했다. 이러한 경향을 보면 블록체인 기술로 개인 간 금융거래가 증가한다고 해서 기존 금융자본의 영향력이 줄어들지는 않을 것이다. 오히려 새로운 투자 기회로 작용할 확률이 높다.

정보 기술의 전 지구적 네트워크를 가장 먼저 활용한 것이 자본시장의 세계화다. 즉 인간의 인지 한계를 뛰어넘은 자동화된 금융거래는 진정한 의미에서 지구적 자본시장을 출현시켰다. 자동화된 금융시장은 막대한 데이터를 활용한 기계 학습의 이윤 창출 능력을 이미 거대한 규모로 실현했다. 블록체인이 범용화되어 데이터가 민주화되고 신탁 기관 없는 신용거래가 사회 각 분야에서 구현된다면, 이러한 구현을 담당하는 블록체인 플랫폼이 주요 개발과 투자 대상이 되며 해당 암호 화폐가 주요 자산으로 부상할 것이다.

블록체인 플랫폼에 대해 기존 거대 기업과 기관 투자자가 투자를 개발하고 자산을 확보하려는 노력은 벌써 시작되었다. 블록체인이 진정한 분산형 네트워크를 추구한다고 해서 이를 구현하는 플랫폼도 분산형으로 소유될 필요는 없다. 현대 금융 자본주의는 그러한 플랫폼을 통한 수익 경쟁에서 유리한 위치를 점할 가능성이 크다. 그런데 이러한 전망은 데이터 노동의 자산가치, 궁극적으로 데이터 노동시장의 건전성이 금융시장의 변화에 큰 영향을 미칠 수 있음을 시사한다. 이러한 연동성이 기업과 시장 전체의 위기로 이어지지 않도록 하기 위해서는 더욱 거대해질 금융시장 전체의 방향성을 장기적인 안목으로 확립해 나가야 한다.

기업의 정체성에 진정성을 담아라

노동조직의 플랫폼화에 따라 조직이 맞이하는 또 다른 문제는 기업 정체성의 진정성이다. 공유나 개방은 기업이 지속하기 위해 추구해야 할 중요한 사회적 가치일 수 있다. 급변하는 시장 환경을 견뎌야 하는 기업의 입장에서는 이러한 가치 소비에 부응하고 촉진하는 것이 생존과 번영에 유리할 수 있기 때문이다. 그래서 기업의 정체성이 중요하다. 데이터 생산자이자 소비자인 시장 참여자가 가치 소비를 한다면, 그들은 정체성이 확실하고 진정성 있는 기업의 제품을 꾸준히 소비하고 가치를 반영하는 데이터를 생산해 낼 테니 말이다.

위워크는 노동조직의 플랫폼화를 주도하는 정체성 측면에서 흥미로운 기업이다. 투자받는 규모가 커지면서 현재는 위컴퍼니WeCompany라는 모회사로 확장된 이 기업은 앞선 내용에서도 종종 언급했지만 공유 일터를 제공하는 플랫폼 기업이다. 가상의 플랫폼이 아니라 물리적 일터라는 플랫폼을 제공한다는 측면에서 공유의 가치를 더욱 구체적으로 구현하는 회사다.

위워크의 공동 창립자들은 각각 이스라엘 키부츠와 미국 오리건주 코뮌Commune에서 자란 경험이 있으며, 회사를 확장하면서 일터뿐 아니라 공동체community를 판다는 목적을 추구하고 있다. 위그로우WeGrow라는 자회사는 만다린어와 히브리어, 기업가 정신과 식물 재배를 동시에 가르치는 대안적 학교까지 설립했다. 회사의 이러한 행보는 사회적 가치를 창조하고 그로부터 이윤을 거둔다는 정체성을 분명히 하는 것처럼 보인다.

주식시장에서 공유 사무 공간 제공업체가 아닌 지식 정보 기업으로 보이고자 노력하는 위워크는 사실 순이익은 적자를 보고 있지만 기업 가치는 계속 올라가고 있어서 투자금이 순탄하게 유입되고 있다. 지식정보산업 분야의 여느 회사들과 마찬가지로 현실 성과에 비해 미래 가치를 높게 보기 때문이다. 그렇다면 위워크의 미래 가치는 왜 높이 평가받는 것일까? 위워크의 '서비스로서 사무 공간Office as a Service'에 물리적인 공유 사무 공간은 필수적이지 않다. 지금의 공유 사무 공간은 개별 기업들은 모을 수 없는 대규모 업무 관련 데이터를 축적하는 역할을 한다. 충분한 데이터가 축적된다면 위워크는 비싼 임대료를 내는 자체 공유 사무 공간을 처분하고도 개별 기업의 사무 공간을 설계하고 관리하면서 데이터를 계속 축적하기를 꿈꾼다. 이러한 비전 속에서 전 세계의 프리랜서 노동자들은 위워크가 관리하는 어떤 기업의 사무 공간에 가도, 본인에게 맞춤형으로 제공되는 일터 환경을 경험하고 생산성을 유지할 수 있게 될 것이다.

이처럼 물리적 공유 플랫폼이 사라져 비용을 절감하고 독점적으로 축적된 데이터로부터 수익을 내는 모형은, 자본으로서의 데이터를 십분 활용하는 기존의 지식 정보 기업의 모습과 크게 다르지 않다. 그리고 현재의 큰 적자를 미래에 대한 기대로 흘러 들어오는 투자금으로 메우고 있는 위워크는, 기대 수익을 실현하려면 데이터 소유권을 포기할 수 없을 것이며 오히려 소유권을 넓혀 가야 할 것이다. 그렇게 된다면 위워크는 공유 가치를 실현하는 기업인가, 데이터 독점으로 이윤을 추구하는 기업인가? 위워크의 정체성은 가치 소비를 촉진할 만큼 뚜렷하고 진정성이 있는가? 물론 위워크가 의도적으로 소비자의 가치 지향을 악용하거나 본 모습을 감추는 건 아닐 것이다. 하지만 공유 가치를 팔기 위한 수익모델이 데이터의 비공유에 기반할 가능성은 노동조직이 플랫폼화되는 3단계에서조차 여전할 수 있음을 고려해야 한다.

창조적 크라우드 노동 대신 긱Gig 노동이 번성하고 공유 플랫폼이 수평적인 조직 구성 원리로 작동하면서 연결성과 혁신을 향상할 수 있는 네타키Netarchy적 독점으로 가치를 생산하는 경우를 이미 흔히 볼 수 있다. 여러 대의 핸드폰 단말기를 설치한 채로 도로를 바쁘게 이동하는 택배 오토바이나 온라인상에서 사소한 작업을 해 주고 적은 돈을 쌓아 가는 터커Amazon Mechanical Turkers는 긱 노동의 대표적 예다. 승차 공유 플랫폼인 우버나 숙박 공유 플랫폼인 에어비앤비가 창출한 이윤까지 사용자에게 공유되지는 않는다. 그런데 이런 방식으로 경제가 번영하는 것은 분명 우리가 생각하는 사회적 가치의 극대화는 아니다. 위워크도 우버나 에어비앤비처럼 공유 가치를 상품화해서 궁극적으로 데이터 독점을 기반으로 삼게 될지는 지켜볼 일이다.

또 흥미롭게 살펴볼 조직은 교육 서비스의 플랫폼화를 이끄는 미네르바 스쿨이다. 미네르바 스쿨은 물리적 캠퍼스와 면대면 수업을 최소화하면서도, 세계적으로 유명한 기업 및 비영리

기관들과의 프로젝트를 통해 가장 혁신적이고 생산성 높은 고급 노동력을 생산한다고 평가받는다.

2014년에 설립된 미네르바 스쿨의 경쟁력을 성급하게 과대평가해서는 안 되겠지만 조직의 플랫폼화에 수반되는 과제를 해결할 수 있을 것이라는 희망을 품게 하는 것은 사실이다. 기업들보다 변화가 더디다고 생각되는 대학 교육 기관에서 플랫폼화된 조직이 출현했고, 그런 조직이 평균 이상인 고품질의 소량 생산, 즉 창조적 노동력을 갖춘 소수의 졸업생을 배출하고 있기 때문이다. 더구나 이 학교는 교육 서비스 수요층에 확실한 정체성을 전달하면서 높은 입학 경쟁률을 보이고 있다. 어쩌면 미네르바 스쿨은 대학들보다 기업들에 더욱 시사하는 바가 큰 혁신 조직일지도 모른다.

유틸리티화가 가져올
조직의 미래

───────○───────

노동의 유틸리티화가 진전된다면 근대 조직의 모습을 근본적으로 바꿔 놓을 가능성이 크다. 전형적인 생산조직의 가장 큰 특징은 노동의 결과물이 아닌 노동력 자체를 구입해서 노동자를 내부화한 데 있기 때문이다. 만일 현대의 조직이 이러한 노동력의 내부화를 약화시키고 필요할 때마다 외부의 노동을 끌어다 쓴다면, 이는 조직이 존재해야 할 경제학적 근거가 없는 시대로 접어들었음을 의미한다.

우리의 일상에서 월요일이 사라지면 어떨까? 아마도 상당수의 직장인이 환호를 지르며 반길 것이다. 2018년 국내 유명 취업 포털 사이트의 조사 결과에 따르면, 우리나라 직장인 10명 중 8명이 월요일만 되면 육체적·정신적 피로감을 느끼는 월요병을 경험한다고 한다. 주말 동안 편안하게 사적인 일상을 보내다가 다시 회사로 출근해 업무에 시달릴 생각에 몸과 마음이 무거워지는 것이다.

월요일이 사라지는 상상에 주말이 사라지는 상상까지 더해 보자. 휴일과 근무일의 경계가 사라진 언제든 출근하고 언제든 쉴 수 있는 미래가 우리를 기다리고 있다. 어디 그뿐인가. 원하는 일을 원하는 장소에서 원하는 만큼만 할 수 있는 혁신적인 노동 시스템이 이미 우리 삶에 들어와 있다.

데이터 경제가 발전하고 조직의 경계가 약화됨에 따라 대부분의 조직은 플랫폼화로의 변신을 예고한다. 이러한 조직의 플랫폼화는 노동과 근로환경의 유연성을 극대화하여 월요일은 물론 주말까지 사라진 일상을 가져올 것이다.

조직의 플랫폼화 3단계

조직의 플랫폼화는 크게 세 가지 차원에서 순차적으로 일어날 것이며 이미 특정 영역의 조직에서는 상당 부분 진행되었다. 다음 표에 정리된 것처럼 첫 번째 단계는 소비자 간의 커뮤니케이션 차원에서 이루어졌다. 소비자의 플랫폼화도 조직의 플랫폼화의 일부로 볼 수 있을 것인지는, 소비자가 모여 기업 조직과 함께 소비자 욕구에 맞는 물건을 만드는 소비자인 동시에 생산자인 프로슈머Prosumer[16]라는 집단에서 그 답을 찾을 수 있다. 소비자들이 소셜 미디어 플랫폼에 생산해 놓은 콘텐츠, 즉 데이터를 이윤 획득의 근간으로 삼는 페이스북부터 소비자

---

16 '생산자'를 뜻하는 영어 'Producer'와 '소비자'를 뜻하는 영어 'Consumer'의 합성어로, 생산에 참여하는 소비자를 의미한다. (출처: 《대중문화사전》)

생산조직 플랫폼화의 3가지 단계		
	플랫폼되는 차원	플랫폼화 과정
1단계	소비자 커뮤니케이션	소셜 미디어 플랫폼 및 프로슈머 부상
2단계	데이터 유통	데이터 수집 플랫폼 및 데이터 센터 부상
3단계	노동력의 조직	공유 일터 및 플랫폼 노동자 부상

가 제품의 기획 및 마케팅, 서비스를 적극적으로 개입하는 샤오미까지, 소비자는 이미 생산조직의 일부가 되고 있다. 따라서 이러한 소비자의 플랫폼화는 생산조직과 외부환경과의 경계가 점점 모호해지는 열린 네트워크로의 변화를 촉진했다고 볼 수 있다.

두 번째 단계는 데이터 유통 차원에서 이루어졌다. 지메일, 페이스북, 카카오톡 같은 플랫폼은 소비자들의 커뮤니케이션을 위한 플랫폼이다. 그러나 소셜 미디어 플랫폼은 데이터 경제의 본격화와 함께 데이터 축적을 위한 플랫폼으로 기능하고 있다. 이들 플랫폼은 스마트폰 앱이 발달해 위치 기반 정보(구글맵이나 티맵 등)까지 손쉽게 축적되면서 더욱 강화되었다. 사물인터넷과 5G 통신망이 발달할수록 데이터 수집 플랫폼은 소셜 미디어 플랫폼을 넘어 다양화되어 갈 것이다.

생산요소가 데이터 중심으로 재편될수록 이러한 데이터 수집 플랫폼 경쟁은 심해진다. 또한 각 플랫폼이 수집한 데이터는 거대 지식 정보 기업의 데이터 센터를 중심으로 서로 결합하고 가공되어 유통된다. 즉 데이터의 수집 및 가공, 유통이 거대 기업들의 소셜 미디어 플랫폼이나 클라우드 서비스를 포함한 데이터 처리 플랫폼을 중심으로 강화되었다.

세 번째 단계는 아직 앞선 두 흐름만큼 뚜렷하지는 않지만 노동력의 조직 차원에서 이루어지고 있으며, 이는 다시 일터의 플랫폼화와 노동 자체의 플랫폼화로 나눠 볼 수 있다. 현재 조금 더 분명하게 나타나는 경향은 일터의 플랫폼화다. 창작자들이 DIY에서 더욱 발전하여 DIT로 변화하는 데는 기술, 장비, 아이디어를 공유하는 메이커 스페이스의 역할이 크다. 최근 들어 확산되고 있는 공유 오피스는 건물 계약, 사무 용품, 휴식 공간, 리셉션 서비스, 공유 업체 간 네트워킹 등을 모두 오피스 플랫폼이 제공함으로써 사업체는 효율적 생산 활동에만 집중하게 해 준다. 또한 한국의 배달 애플리케이션의 발달에 힘입어 성장하는 공유 주방도 비슷한 이점을 누린다. 공유 주방은 배달 전문 음식점이 별도의 전용 조리 시설과 공간을 갖추지 않고도 월 이용료만 내면 독립된 조리 시설 및 창고 등을 사용할 수 있는 공유 공간이다. 공유 주방을 함께 활용하는 사업자들은 임대료 계약은 물론 식재료도 공동 구매하면서 비용 절감 및 신선도 유지를 꾀한다. 심지어 배달 서비스까지 공유하고 있어 음식 업체들은 주문된 음식 만들기에만 집중한다.

이처럼 다양한 방향에서 일어나고 있는 일터의 플랫폼화는 사실 근대 생산조직들이 꾸준히 진행해 온 생산과정의 유틸리티Utility화의 연장으로 볼 수도 있다. 공장들은 자체 발전기를 없애고 전기를 유틸리티화해서 사용료를 지불하였으며, 큰 회사들은 자체 IT 부서를 축소하고 외부의 서버나 소프트웨어 사용료를 지불하고 사용하기 시작했다. 이러한 전기 및 IT의 유틸리티화는 경제 발전에 엄청난 파급력을 지녀 왔는데 이제는 생산 공간 자체를 유틸리티화하는 움직임이 늘고 있다. 더구나 일터의 플랫폼화는 공유 가치와 결합하기 때문에 경제 발전을 넘어선 삶의 질적 향상에 대한 희망도 갖게 해 준다.

일터, 즉 노동의 플랫폼화를 통해 생산 공간의 유틸리티화가 온전히 구현된다면 생산조직은 과연 노동의 결과물조차 유틸리티화시켜 사용한 만큼 사용료를 지불할 수 있을까? 만약 이러한 노동의 유틸리티화가 진전된다면 근대 조직의 모습을 근본적으로 바꿔 놓을 가능성이 크다. 전형적인 생산조직의 가장 큰 특징은 사용자가 거래 비용을 줄이기 위해 노동의 결과물이 아닌 노동력 자체를 구입해서 노동자를 내부화한 데 있기 때문이다. 만일 현대의 조직이 이러한 노동력의 내부화를 약화시키고 필요할 때마다 외부의 노동을 끌어다 쓴다면, 이는 조직의 경제학적 존재 근거가 불필요한 시대로 접어들었음을 의미한다. 그리고 직장 혹은 일터라는 공간에 안정적 중심을 두고 살아왔던 현대인의 삶도 크게 변화함을 뜻한다.

노동의 유틸리티화는 독점 플랫폼을 이길 수 있을까?

앞서 말했듯이 데이터를 생산하는 노동시장을 발전시키는 데 노동을 객관적으로 기록하고 상호 신뢰를 강제할 수 있는 블록체인이 유용할 수 있다. 블록체인은 참여자 간 모든 기록을 공유하여 중앙집권적 관리자나 위탁자 없이 민주적으로 공정한 보상의 분배를 가능하게 한다. 그렇다면 이러한 블록체인 기술을 이용해 데이터를 민주화시킨다면 데이터라는 자본축적을 위해 형성된 독점 플랫폼들은 점차 사라질 것인가? 이 질문은 시장 전체의 플랫폼 구조에 대한 질문이며 그 해답을 찾기 전에 노동조직의 플랫폼 구조를 먼저 알아야 한다. 즉 데이터를 자본으로 보는가, 노동으로 보는가에 따라 데이터 경제를 주도하는 생산조직의 형태도 결정된다.

현재 데이터 경제는 자본으로서 데이터에 기초하여 운영되고 있다. 서비스를 제공하는 사업자는 서비스 이용자의 동의에 근거해 다양한 사용자 정보를 수집하며 그 데이터 소유권은 서비스를 제공한 사업자에게 있다. 이때 데이터를 생산한 서비스 사용자는 공식적으로 사업자의 구성원이 아니다. 그렇다고 해서 일한 만큼 보상받는 임금노동자도 아니고 노동을 아웃소싱Outsourcing했다고 볼 수도 없다. 그러니 이러한 정보 기술 기업의 직원 수는 매출액이나 이익에 비해 매우 적다. 〈포춘〉의 500대 기업 목록 중 직원당 이윤의 순위를 보면 페이스북이 4위(1인당 약 60만 달러), 애플이 7위(1인당 약 39만 달러), 구글의 모회사인 알파벳Alphabet이 8위(1인당 약 27만 달러)를 기록하고 있다. 상위 20위 안에 제조업 기업은 없다. 페이스북의 직원 수는 고작 1만 7천 명 정도인데 직원 수가 가장 많은 월마트의 1%에도 못 미치는 규모다.

이 지표들은 정보 기술 산업이 발달할수록 노동의 중요성이 감소하는 것처럼 보이게 만들고 흔히 고용 없는 이윤 창출로 묘사될 수 있다. 또한 자본으로서 데이터 활용을 극대화하는 기업은 기존의 기업에 비해 규모가 극도로 작아질 수 있다. 물론 기업이 플랫폼화시키는 것은 기업의 생산품, 즉 정보 활용 및 유통 서비스이기에 기업의 공식적인 노동조직 자체가 플랫폼화될 필요는 없지만 말이다.

이런 기업들은 보통 거대한 클라우드 서비스의 심장 역할을 하는 대규모 데이터 센터를 보유하고 있다. 데이터 센터는 이용자들이 플랫폼에 모여 데이터를 생산할 만한 이유, 즉 그들이 원하는 정보를 끊임없이 제공하며 플랫폼 독점 경쟁을 펼친다. 정보를 조회하고 유통시키는 커뮤니케이션 네트워크는 이러한 플랫폼을 허브로 삼아 조직되며, 네트워크에서 파생되는 데이터는 데이터 센터를 허브로 유통된다. 그러나 데이터가 어떤 경로나 어떤 데이터 브로커를 통해 유통되고 어떻게 정보로 가공되는지는 분명히 알 수 없다. 요컨대 자본으로서 데이터가 유통되는 데이터 경제는 주요 생산 조직의 공식적 규모는 축소시키면서, 데이터의 흐름이 몇몇 거대 플랫폼을 중심으로 불투명하게 조직된다. 앞선 표에서 플랫폼화는 2단계에서 멈춘다.

만일 데이터가 자본이 아닌 노동으로서 재편된다면 데이터 경제를 주도하는 조직의 구조는 어떻게 변할까? 데이터 재편은 데이터 생산 노동시장이 발달했다는 것을 뜻하며, 또한 한 명의 데이터 노동자가 한 기업에 속하는 것이 아니라 여러 다양한 기업에서 활발하게 활동한다는 의미이기도 하다.

이처럼 기업들이 데이터 노동자를 매개로 서로 연결되는 것은 분명 조직의 형태에 영향을 미친다. 소셜 미디어 플랫폼이 커뮤니케이션 네트워크의 흐름에 따라 급격히 그 위치가 옮겨 갈 수 있듯이, 기업도 네트워크상에서 노동의 흐름에 따라 형태를 갖추는 위치가 급격히 변할 수 있다. 예컨대 투자를 매개로 한 기업 간의 네트워크에서 거리가 가까운 기업들이 반드시 물리적으로도 가까울 필요는 없다. 그리고 구글이 유튜브를 인수하고, 페이스북이 인스타그램을, 마이크로소프트가 링크드인을 인수했을 때, 이는 서로 다른 결절점Node들이 하나로 합쳐지는 순간이었다. 하지만 네트워크상에서 유튜브는 구글과 상대적으로 독립적인 플랫폼을 유지한다. 또한 페이스북도 인스타그램이나 왓츠앱을 인수한 뒤 해당 서비스를 페이스북 플랫폼에 통합시키지 않고 독립적으로 운영하고 있다.

이처럼 사용자들 간 커뮤니케이션 흐름에 의해 인식되는 기업의 경계는 자본의 흐름에 따라 형성된 기업의 경계와 일치

하지 않는다. 그렇다고 두 경계의 형성이 완전히 독립적인 것도 아니다. 페이스북이 인스타그램을 인수한 뒤 소셜 미디어 플랫폼은 각각의 독립성을 유지하고 있다지만, 두 플랫폼에서 축적된 데이터는 결합이 가능하고 새로운 가치 창출로 나아갈 수 있다. 구글이 유튜브를 인수한 다음 지메일에 축적된 사용자 데이터를 어떻게 유튜브 사용자 데이터와 결합해 광고 효과를 극대화했는지 우리는 정확히 알지 못한다. 하지만 이들이 결합한 지 10년이 넘은 근래에 와서 우리는 그 위력을 분명하게 확인하고 있다.

여기서 데이터를 생산하는 노동자들 혹은 그런 노동자가 생산한 데이터를 매개로 형성되는 기업 간 네트워크까지 중첩된다고 상상해 보자. 이 흐름에 따른 결절점이 커뮤니케이션이나 자본의 흐름에 따른 결절점과 반드시 중첩될 이유는 없다. 따라서 자본에 의해, 소비자들의 커뮤니케이션에 의해, 그리고 데이터 생산 노동에 의해 형성되는 기업의 경계는 서로 다 제각각일 수도 있다.

외적인 경계 형태와는 무관하게 향후 기업들은 사용자의 소통 흐름이나 투자자의 자본 흐름은 물론이고 노동의 흐름에 따라서도 상호 의존성이 증가할 것이다. 그리고 기업은 이제 더 나은 서비스나 더 효과적인 광고를 제공하기 위해 데이터를 이용해 학습할 뿐 아니라, 데이터 노동의 생산성을 높이기 위해서 다른 소스의 데이터를 결합하고 학습할 것이다. 따라서 소비자이자 데이터 생산자인 사용자가 만들어 낸 데이터의 가치는 예전보다 더 높아져서 당당하게 노동으로 대우받을 수 있다. 그동안 기업들은 소비자를 공유하는 잠재적 경쟁자를 인수했다면 이제는 데이터 노동자를 공유하기에 상호 의존적인 경쟁자를 인수할 동기도 높아질 것이다.

　이 같은 변화를 가능하게 하는 기술적 구현이 블록체인이건 다른 기술이건, 데이터를 노동으로 취급할 수 있을 만큼 시장화한다면 데이터 축적을 위해 형성된 독점 플랫폼들은 사라질까? 기업의 형태나 존속이 급격히 변화한다면 이에 상응하여 독점 플랫폼의 변화 또한 빠를 것이다. 그러나 독점적 플랫폼의 형성과 소멸은 순전히 기술적인 문제가 아니라 사회경제적 제도의 특성과 그 지속성을 고려해야 한다. 인터넷이 처음 등장했을 때 많은 사람들이 정보의 민주화를 전망하고 희망했을 테지만 현실은 정보의 자본화 혹은 독점화로 흘러가고 있다. 게다가 소위 롱테일 경제를 실현해 시장을 민주화했다고 평가받는 유통 업체 아마존 역시 독점적 지위의 유통 플랫폼을 바탕으로 기업 이윤을 창출하고 있다. 이러한 흐름을 지켜볼 때 블록체인의 기술적 특성이 전하는 민주적 메시지가 플랫폼이 암시하는 독점적 성격을 해체할 수 있을지 혹은 독점적 플랫폼과 공진화할지는 사회 제도적 요소를 적극 고려해서 평가해야 한다.

초연결 시대,
인간의 일

———————————————————○———————————————————

초연결 사회에서는 어떤 주체도 다른 주체와 연결되지 않고 독자적으로 존재하거나 생존하기 어렵다. 이미 실리콘밸리의 스타트업들은 다른 기업의 소프트웨어를 바탕으로 새로운 사업을 창출하고 있으며 참여자들 누구나 소스의 코드나 설계를 열람하고 개선할 수 있다. 오픈 소스가 표방하는 연결, 공유, 협업, 개방 정신은 실리콘밸리의 활력과 역동성의 원천이다.

모든 변화의 중심에는 사람이 있다. 그렇기 때문에 혁명과도 같은 변화의 물결 속에 밀려오는 디지털화의 충격과 그에 따른 아노미Anomie[17]를 피할 수 없다. 더군다나 4차 산업혁명의 대표적인 산물인 인공지능은 일자리를 비롯한 다양한 영역에서 인간의 자리를 위협하고 있다. 이에 혹자는 인간의 공멸을 예측하기도 한다.

---

17 어떻게 행동해야 할지 모르는 혼란스러운 상황을 의미한다. 혁신적인 기술 발달에 따른 사회 전반의 큰 변화를 맞으면서도 그에 걸맞은 가치 체계와 절차 규범이 제대로 마련되지 못했기에 일어나는 현상이다.

그럼에도 혁신과 변화의 핵심인 인간이 올바른 가치를 지향하며 차분히 준비해 나간다면 분명 공생과 발전으로 가는 지혜를 얻을 수 있을 것이다. 우리 사회는 기존의 정형화된 모범생 주의, 순응 주의, 권위주의나 물질주의의 틀을 과감히 깨고 창의적인 혁신, 도전하는 정신, 남과 더불어 협력하고 공생하려는 자세 그리고 돈으로 계산되지 않는 삶의 다양한 가치를 존중하고 실현하려는 인간형을 키우고 장려하며 교육시켜야 한다. 이런 총체적 변화가 디지털화의 충격을 더 나은 미래 공동체의 동력으로 만드는 필수 조건이 될 것이다.

근본부터 다시 묻자, "인간이란 무엇인가"

인공지능이 인간과 조직, 나아가 사회를 어떻게 재구성할 것인가에 대한 질문은 결국 "인간이란 무엇인가?"라는 질문을 소환한다. 문명이란 불완전한 세계 안에서 인간의 본질을 실현하고자 하는 집단적 노력의 소산이다. 그러나 컴퓨터 함수는 이러한 인간의 본질을 묻는 질문 자체에 괄호를 침으로써 앞으로의 문명이 지금까지와는 근원적으로 다를 것임을 암시한다. 그럼에도 질문은 멈추지 않는다.

"이 새로운 문명 안에서, 인간이란 무엇인가?"

컴퓨터에 중독된 아이들을 보면 염려스러운 마음이 먼저 든다. 넓은 운동장에서 힘차게 발을 딛고 친구들과 어울려 저녁 노을이 어스름하도록 놀았던 벅찬 추억이 있을수록 스마트폰 화면을 홀로 응시하는 아이들이 불안해 보인다. 인간은 무리 속에서 비로소 자신의 본질을 구현할 수 있다는 사회학적 믿음은 인공지능 환경 안에서 점점 무력해진다.

컴퓨터 공학의 아버지로 불리는 앨런 튜링Alan Turing은 자신의 튜링 테스트 논문에서 인간에 대한 독특한 시각을 내비친다. 컴퓨터가 인간처럼 보이기 위해서는 인간의 전형에서 벗어난 모습을 보여야 한다는 것이다. 이는 튜링의 개인사와 맞물려 작지 않은 울림을 준다. 튜링은 게이였다. 그는 인간의 전형을 따를 자신이 없어 목숨을 버렸다. 컴퓨터가 인간처럼 보이기 위한 조건을 자세히 설명한 공학 논문에서 그는 진정한 인간됨이란 당대의 좁은 이해를 초월하는 거라고 주장한 것인지도 모른다. 실제로 튜링이 본인의 성 정체성과 인간의 본질 사이에서 괴로워하던 당시와는 달리 오늘날 동성애는 인간 속성의 하나로 당당하게 인정받고 있다. 2009년 고든 브라운Gordon Brown 수상은 영국 정부를 대표해 튜링에게 공식적으로 사과했다.

이처럼 인간의 본질에 대한 문명의 정의는 역사 속에서 끊임없이 변화해 왔다. 그렇다면 스마트폰을 응시하고 있는 아이들을 불안해하는 것도 어찌 보면 기존 세대들의 고정관념에서 비롯된 기우가 아닐까? 아이들은 자신의 시간 속에서 또 다른 인간 본질을 만들어 갈 테니 말이다. 그렇다면 우리 아이들이 열어 갈 미래 사회에서 과연 인간이란 무엇일까? 그들이 새롭게 만들어 갈 인간의 본질은 지금과 얼마나 어떻게 다를까?

2017년 MIT 미디어랩 과학자들이 인공지능 스피커를 사용하는 아이들을 면접 조사했다. 여러 대답이 있었지만 그중 가장 충격적인 반응은 다음과 같았다. 아이들은 AI 스피커가 여러 인격을 지니고 있어서 자기가 원하는 대답을 해 주는 인격이 나타날 때까지 말을 건다는 것이다. 영화 속에서 그려지는 다중 인격자는 연쇄 살인범이거나 정신병자였고 현실의 다중 인격자는 집단의 구성원이 되긴 어려웠다. 그런데 우리 아이들은 AI를 사용하면서 다중 인격자와 어울리는 법을 학습하고 있다. 물론 여러 인격을 지닌 AI 스피커를 영화 속 다중 인격자로 확대해석할 필요는 없을지도 모른다. 그럼에도 우리 아이들이 지금까지와는 다른 기준으로 전혀 새로운 인간의 양상과 선입견 없이 소통하고 있음은 분명하다.

한편 1인 컴퓨터, 1인 미디어 환경이 만들어 내는 또 다른 변화는 인간의 사적 영역과 공적 영역 사이의 경계가 희미해지는 것이다. 유튜브를 기성 언론으로 취급하여 방송통신위원회의 감독을 받아야 하는가가 논란이 되고, 페이스북의 게시물이 개인의 사적인 의견인지 공적 책임의 대상이 되는지에 대해서도 의견이 갈린다. 게다가 이러한 논란 속에서도 유사 공적 매체로서의 SNS가 한 사회의 집단적 의사 결정에 심대한 영향을 미치는 일들이 왕왕 벌어지고 있다. 공사 간의 경계가 모호해지는 현상과 더불어 개인의 사적 정체성이 인간 본질의 한 축으로 부각되고 있는 것도 사실이다.

따라서 인공지능과 초연결 기술이 사회를 재구성한다면 우리는 지금껏 주목하지 않았던 인간의 의외성을 인간 본질 중 하나로 받아들여야 할 것이다. 그 과정에서 사적인 것이야말로 공적인 것이라는 현대 철학의 주장이 새로운 기술 플랫폼 안에서 더욱 현실성을 갖게 될 것이다.

구상하고 실행하자

정보 통신 기술의 발전과 스마트폰의 보급은 언제 어디서든 네트워크에 접속해 '우리'가 될 수 있게 해 주었다. 그리고 이커머스e-Commerce와 소셜 네트워크 서비스 같은 온라인 플랫폼을 통한 공유 경제에 이르기까지 우리의 삶에 많은 변화를 가져왔다. 게다가 4차 산업혁명의 대표적인 기술인 인공지능 로봇, 가상현실, 스마트 기술, 빅데이터, 블록체인 등의 발전은 앞으로의 우리 삶과 직업, 조직 형태, 국가 정책 등에 큰 변화를 예고하고 있다.

4차 산업혁명이 가져올 다양한 변화에서 개인이 가장 관심을 두는 것은 소득 활동일 것이다. 제아무리 세상이 편리하고 살기 좋게 변해도 당장 생계를 꾸려 갈 돈이 없다면 그 모든 혜택은 나와 무관한 남의 이야기가 될 가능성이 크다. 더군다나 100세 시대가 도래한 현재, 취업 관문은 점점 더 좁아지고 실업률은 점점 더 높아지니 걱정이 커질 수밖에 없다.

이탈리아의 경제학 교수인 스테파노 자마니Stefano Zamagni와 루이지노 브루니Luigino Bruni는 그들의 저서 《21세기 시민경제학의 탄생》에서 산업사회의 일은 '일Work'이라기보다 '일자리Job'라 할 수 있으며, 미래에는 임금노동의 형태로 이루어지는 고정적 일자리가 점점 줄어들고 결국엔 소멸할 것이라 주장한다.

저자들은 탈산업사회의 개인은 각자가 '일의 포트폴리오'를 만들고, 일하는 삶 전체에 걸쳐 본인의 포트폴리오를 최적화하는 형태로 스스로의 노동을 재구성하게 될 것이라 예상한다. 실제로 저성장과 실업은 우리 사회가 직면한 가장 큰 문제이며 우리는 이제 4차 산업혁명이 불러올지 모르는 노동의 종말을 우려하고 있다. 기업이 창출하는 고정적 일자리의 수는 줄어들고 개인은 조직이 주는 안정성을 점점 기대하기 힘들어지고 있다.

탈산업사회의 불안정성은 개인이 어쩔 수 없이 짊어지게 될 부담인 한편 개인에게 주어지는 자유의 측면도 있다. 기술 발전은 일자리의 감소를 가져왔지만 동시에 개인이 스스로의 일을 창출할 기회도 가져왔다. 온라인 네트워크에 상시적으로 접속할 수 있는 환경에서 개인은 생산의 주체로 떠오르고 있다. 과거에는 거대 조직의 대체 가능한 구성원으로 존재했던 개인이 직접 플랫폼이 될 수 있는 시대가 성큼 다가온 것이다. 우버, 에어비앤비 같은 공유 비즈니스와 온라인 앱 등의 서비스들은 거대 자본이나 기존 기업이 아닌 개인 혹은 몇몇 개인으로 구성된 팀의 혁신적인 아이디어와 이를 실현할 지식과 행동력으로 만들어졌다. 페이스북이나 인스타그램 같은 SNS에서 영향력을 발휘하는 인플루언서, 유튜브나 아프리카TV 같은 동영상 공유 사이트에서 많은 구독자를 보유한 콘텐츠 크리에이터들은 이제 유명 연예인 못지않은 인기와 부를 누리고 있다.

이는 모두에게 활짝 열린 무한한 기회의 길이지만 그렇다고 해서 아무나 갈 수 있는 길은 아니다. 모두가 손에 쥔 스마트폰이지만 누군가에겐 사업의 플랫폼이 되고 누군가에겐 시간을 죽이는 게임기가 된다. 어디로 갈지 어떻게 갈지에 대한 분명한 비전과 당장 첫발을 뗄 수 있는 추진력과 결단력 있는 이들만이 기회의 길을 맘껏 걸을 수 있다.

이제 우리는 자신이 추구하는 가치와 즐거움이 무엇인지 또한 이것이 경제적 효용으로 이어질 수 있는지, 이어지려면 어떻게 해야 하는지 생각해야 한다. 이는 미래를 두려워하며 당장 학원에 가서 코딩을 배우라는 말이 아니다. 자신이 사회에 기여할 수 있는 일, 의미 있는 일, 하고 싶은 일이 무엇인지 깊이 생각해 보아야 한다는 의미다.

때로는 자신의 재능, 재미를 느끼는 일, 사회적으로 기여할 수 있는 부분, 가치 있다고 생각하는 일 등이 무엇인지 깨닫는 것조차 어려울 때가 있다. 어떤 이는 본인은 창의적인 사람이 아니라고 생각할 수도 있고, 다른 이는 바쁜 일상과 학업 또는 업무 속에서 잊고 살 수도 있으며, 또 다른 이는 도전하기에 나이가 너무 많다고 여기고 있을 수 있다. 그러나 이런 변명 뒤에 숨으며 외면하기엔 미래는 우리 눈앞에 너무나 가까이 다가와 있다. 그러니 기술의 발전을 공상과학 소설 읽듯 나와 관계없는 공상으로 받아들일 것이 아니라 새로운 기술이 내가 하고 싶은 일, 가치 있는 일에 어떤 도움을 줄 수 있을지 적극적으로 고민하고 미래를 구상해야 한다.

더불어 미래를 향한 계획이 구체화된다면 무엇보다 단순한 생각에 머무르지 않도록 적극적으로 시도하고 실행해 보는 것이 중요하다. 준비된 자금이 없을 시 가족의 경제적인 지원을 받거나 은행으로부터 많은 대출을 받아야 했던 과거와 달리 요즘은 다양한 영역에서의 공유 문화 덕분에 개인이 자신의 아이디어를 실행하는 데 필요한 비용이 획기적으로 줄어들었다. 앞서 말했듯이 메이커 스페이스같이 창업자를 비롯한 메이커들이 모이고 교류할 수 있는 공가이 마련되었고, 3D 프린터 등의 디지털 도구도 적은 비용으로 사용할 수 있게 되었다. 도구 사용법을 모르는 초심자를 위한 교육 프로그램도 있으며 개인이 모여 서로 지식을 공유하고 협업하기도 한다. 3D 프린터를 활용해 베이킹과 라테 아트를 위한 도구나 장애인을 위한 맞춤형 필기 보조 기구, 예술 작품과 가구, 건축물에 이르기까지 수많은 물건을 만들 수 있다.

뿐만 아니다. 좋은 아이디어로 만들어진 프로토타입이 있다면 소액 투자를 받을 수 있는 크라우드 펀딩도 활성화되어 있다. 멘토링을 통해 비즈니스를 돕는 엑셀러레이터 등의 프로그램도 늘고 있다. 그리고 설령 실패한다고 하더라도 초기 투자 비용이 적기 때문에 다시 일어서는 데 그리 오랜 시간이 걸리지 않는다. 이런 환경에서는 실패조차도 경험이 되고 배움이 될 수 있어 도전을 두려워하지 않는 문화가 확산된다.

주인공이 되어 변화를 즐길지 관망자가 되어 변화를 두려워할지는 적극적인 구상과 실천에 달렸다고 해도 과언이 아니다. 기술 발전의 속도에 함몰되기보다 내가 중요하다고 여기는 가치를 찾고 실행해야 한다. 탈산업사회와 초연결 사회가 조직에서 인간의 설 자리를 좁히고 없앤다지만, 그만큼 사회 전반에 걸쳐 창의성과 도전 정신으로 나만의 영역을 새롭게 구축할 기회는 더 커질 것으로 보인다. 변화를 두려움으로 맞기보다 스스로의 행복을 실현할 기회로 받아들인다면 개인적·사회적으로 보다 바람직한 결과를 낳을 것이다.

공유하고 협업하자

4차 산업혁명을 이끌 것이라 예상되는 인공지능, 빅데이터, 사물인터넷, 블록체인 등의 가장 큰 특징이자 공통점은 단연 융합과 연결이다. 머지않은 미래에는 온라인과 오프라인, 인간과 인간, 인간과 사물, 사물과 사물이 인터넷을 통해 시공간의 한계를 넘어 언제 어디서든 긴밀하게 연결될 것이다. 이 같은 초연결 사회에서는 어떤 주체도 다른 주체와 연결되지 않고 독자적으로 존재하거나 생존하기 어렵다. 이미 실리콘밸리의 스타트업들은 다른 기업의 소프트웨어를 바탕으로 새로운 사업을 창출하고 있으며, 참여자들 누구나 오픈 소스의 코드나 설계를 열람하고 개선할 수 있다. 오픈 소스가 표방하는 연결, 공유, 협업, 개방 정신은 실리콘밸리의 활력과 역동성의 원천이다. 또한 온라인 플랫폼에서 공급자와 수요자가 서로 필요한 정보, 자원, 공간 등을 나누는 공유 경제의 활성화 현상 역시 우리가 초연결 시대로 가고 있음을 보여 주고 있다.

모든 것이 연결되고 융합되는 초연결 사회에서 일은 개인 간의 수평적인 네트워크에 기반하여 각각의 장점과 역할을 결합하는 방향으로 나아갈 것이다. 산업 간의 융합이 일반적인 현상이 되면 개인의 일도 서로 밀접하게 연결된다. 그러니 타인과의 소통과 협업이 필수적이다. 또한 개인이 생산의 주체로 떠오르게 되면서 각자가 가진 지식, 자원, 경험 등을 다른 생산자와 공유하고 함께 협력함으로써 새로운 아이디어와 가치를 창출할 수 있다. 뿐만 아니라 개인의 다양한 창작 활동이 다른 이와의 협업과 공유를 통해 실질적인 창업으로 이어질 가능성도 커진다. 이러한 지식의 확장은 소비자들의 요구를 보다 능동적으로 반영하는 수단이 될 수 있으며 더 큰 부가가치를 창출할 수도 있다.

끊임없이 그리고 무척이나 빠른 속도로 내달리는 기술의 발전은 이제 공유와 협업을 선택이 아닌 필수로 만들었다. '나만이 보유한 독자적 기술'은 실시간으로 새로운 기술로 대체될 수 있어서, 과거의 지식재산권 기반의 모델보다는 참여자 모두가 각자의 기술을 공개하고 공유해서 협업하는 모델이 더 유효할 수 있다. 또한 타인을 밟고 올라서는 배타적 경쟁보다는 연결과 협력으로 구성된 개방형 생태계에서 창의적 아이디어가 더 창출되고 제대로 활용될 것이다.

정보와 데이터는 상호 공유되고 협업하는 과정에서 더 확장되며 큰 가치로 발전할 수 있다. 따라서 개방, 공유, 협업이 강조되는 초연결 사회를 앞둔 우리는 타인에 대한 배타적 경쟁의식보다는 상호 연결과 관계에서 오는 호혜성에 더 가치를 두어야 한다. 타인은 나의 지식과 자원을 빼앗아 가는 존재가 아니라 더욱 풍요롭게 하는 존재라는 생각이 필요하다. 디지털 사회의 데이터 재화는 나누면 나눌수록 더 큰 가치를 생산할 수 있기 때문이다. 또한 정보와 지식은 물론 물질적 재화와 자산 역시 타인과의 공유로 더욱 풍성해진다. 개인적으로는 경제적 이익을 얻고 사회적으로는 효율적인 자원의 사용으로 환경 보호와 지속 가능한 발전에 기여할 수 있다.

공유와 협업이 필수인 사회가 눈앞으로 바짝 다가왔지만 우리는 내 것을 나누는 삶에 아직 서툴다. 특히 완전한 타인에게 나의 지식과 자산을 나누는 것을 꺼릴 때가 많다. 무엇보다 상대방의 정보가 부족하고, 상대가 내 것만 가로채고 자신의 것은 내어 주지 않는 기회주의적 행동을 하지 않을까 하는 우려도 크다. 즉 타인에 대한 일반적 수준의 신뢰조차 부족한 실정이다.

낯선 타인에게 신뢰가 생기려면 그의 개인 정보를 알고 있어야 한다. 더불어 상대의 정보를 얻기 위해서는 자신의 정보도 노출해야 한다. 이때 각각의 참여자가 공개한 정보만큼 서로 연결되고 공유하며 협업할 가능성이 커진다. 아이러니하지만 신뢰가 부족할수록 나의 정보를 더 많이 노출해야 다른 이의 정보도 더 많이 얻을 수 있다. 현재는 온라인 플랫폼과 플랫폼 내의 평판 시스템이 두 개인 간 신뢰의 매개자로 존재하고 있지만 보안이나 신뢰도 등의 문제가 여전히 남아 있다. 하지만 앞서 언급했듯 전문가들은 블록체인 기술이 더욱 발전하면 플랫폼 없이도 개인과 개인 간의 거래에 신뢰를 제공할 수 있을 것이라 기대한다.

이처럼 신뢰를 구축하는 기술을 마련하는 것과는 별개로 우리 스스로가 사회적 신뢰를 구축하는 문화를 만들어야 한다. 다른 사람들과 지속적이고 자발적인 공유와 협업이 이루어지기 위해서는 정보와 지식, 재화와 자산에 대해 내 것, 네 것을 분명히 가리는 배타적 소유 의식이 아닌 우리의 것, 모두의 것이라는 공유 정신, 즉 일종의 공공재로 여기는 의식이 필요하다.

또한 일의 방식과 의사소통, 의사 결정 방식에 있어 우리는 보다 공익적으로 사고하는 것이 필요하며, 타인을 향한 공감과 배려, 관용이 기본적인 가치로 자리 잡아야 한다. 기술이 진보할수록 인간은 더 인간적으로 변해야 하며 타인을 신뢰하기 위해서는 내가 먼저 신뢰받을 수 있게 노력해야 할 것이다.

사회적 가치로 결정되는
기업의 품격

───────────○───────────

이제 기업은 모든 것을 과감하게 외부화, 네트워크화하고, 자율과 참여를 촉진하는 공유 플랫폼으로 전환하지 않으면 지속될 수 없다. 초연결 사회에서 기업의 공통 이정표는 오래된 사회적 가치, 즉 공감과 신뢰다. 이를 실현하기 위해선 높고 견고하게 쌓아올렸던 경계를 허물고 사람들과 함께 흘러가야 한다.

혁신적인 디지털 환경의 변화를 맞아 기업은 가장 적극적으로 또 기민하게 대응해야 한다. 디지털 환경이 가져다주는 융복합의 가능성을 능동적으로 수용하면서 새로운 정보의 흐름을 지속적으로 포착할 능력을 배양하지 않으면 미래 사회에서 발전은커녕 생존조차 보장받을 수 없다.

기업은 기술 기반 플랫폼에 기초하여 기업 생태계 전반에 진행되는 혁신의 물결에 부응하는 미래지향적 개방성을 갖추어야 한다. 이를 위해서는 조직 운영 방식을 혁신적으로 바꾸고 단기적 이익에 집착하지 않고 높은 수준의 메타 가치를 지향하는 가치 경영이 필요하다. 자연스레 다른 기업, 시민사회, 노동자 등 다양한 이해 관계자들과의 공생을 돕는 사회적 가치 실현이 더욱 요구될 것이다.

경계를 무너뜨려라

퓨리서치센터에 따르면 2017년 기준으로 한국은 인터넷 보급률 96%, 스마트폰 보급률 94%에 달해 세계 1위의 초연결 사회를 펼쳐 가고 있다. 다양한 조직에서 기존의 닫힌 위계가 매우 빠르게 열린 네트워크로 대체되는 중이다. 안타깝게도 정부 정책이 기술 진보를 따라가지 못하는 제도 지체 현상이 곳곳에서 벌어지고 있다.

2015년 낙타를 통해 감염된다는 메르스가 국내에 퍼졌다. 국민 불안을 우려한 정부는 감염자가 치료받는 병원을 비밀에 부쳤다. 단절된 정보로 인해 대중의 공포는 더욱 커져 갔다. 결국 시민들이 자발적으로 '메르스 확산 지도'를 만든 후에야 공포가 사그라들었다. 이는 열린 집합 지성이 닫힌 관료제의 한계를 극복한 좋은 사례다.

한국은 미래 사회로의 진입을 막는 정부 규제나 기득권의 저항이 유독 강한 국가다. 뉴욕이나 베이징을 포함해 전 세계 대도시 교통은 우버나 리프트 같은 공유 교통 서비스가 장악했지만 한국은 예외다. 미래 금융은 빅데이터, 인공지능, 사물인터넷 등 정보 통신 기술과 결합해 맞춤형 서비스를 제공하는 소프트웨어 산업이 되었고 중국의 알리페이Alipay가 대표적이다. 그러나 한국에서는 해묵은 금산 분리, 은산 분리 규제가 혁신을 가로막고 있다. 에어비앤비가 세계 호텔 산업을 뒤흔들고 있지만 한국에서는 여전히 미풍에 불과하다.

세계 시가총액 최상위 기업인 마이크로소프트, 애플, 알파벳, 페이스북, 아마존, 알리바바 등은 모두 플랫폼 기업이다. 불특정 다수를 연결해 주는 플랫폼이 가지는 독점적인 지위가 이윤의 토대다. 그러나 앞으로는 달라질 수 있다. 블록체인 기술이 확산되면 이러한 승자 독식 시장도 매우 빠르게 바뀔 것이다. 모든 참여자의 기여를 인정하고 이익을 배분할 수 있도록 하는 거래 비용 제로 사회로 빠르게 이동하는 것이다. 거래 비용이 낮아지면 투명성과 익명성이 확보된 상태에서 분산된 개인들 간의 계약과 거래가 가능해진다.

로널드 코스에게 1991년 노벨경제학상을 안긴 명제는 '불완전한 시장의 실패를 극복하는 대안이 정부나 기업 같은 위계 조직'이라는 주장이었다. 그러나 기술적으로 투명하고 익명적이며 변조 불가능한 분산 원장 시스템을 가능하게 만든 블록체인의 확산으로 위계 조직은 개인들 간 스마트 계약으로 대체되고 있다.

개인의 참여를 촉진하고 공감시키는 공유 플랫폼을 만들지 못하면 어떤 정부도, 어떤 기업도 성공할 수 없다. 풀뿌리 민주주의가 가능해진 정치판에서는 중앙 집중형 권력 구조를 바꾸자는 목소리가 높아졌다. 네트워크로 연결된 시민들은 열린 광장에서 새로운 권력을 만들어 냈다. 아이디어만 좋으면 크라우드 펀딩을 활용해 누구든 사업화할 수 있다. 블록체인 기술은 비영리 조직의 주먹구구식 모금과 분배 활동도 투명하게 바꾸고 있다. 신재생에너지의 교환 시장이 만들어지면 중앙 집중형 전력 산업에 대한 의존도 크게 줄어들 것이다.

사회 전반의 변화와 함께 이상적인 기업 모델도 달라지고 있다. 이제 기업은 모든 것을 내부화, 위계화하는 통제형 닫힌 조직을 벗어나 과감하게 외부화, 네트워크화하고, 자율과 참여를 촉진하는 공유 플랫폼으로 전환하지 않으면 지속될 수 없다. 초연결 사회에서 기업의 공통 이정표는 오래된 사회적 가치, 즉 공감과 신뢰다. 이를 실현하기 위해선 높고 견고하게 쌓아 올렸던 경계를 허물고 사람들과 함께 흘러가야 한다.

메타 가치를 구현하라

국민소득 3만 달러 시대를 맞았는데 체감하는 사람은 얼마나 될까. 여전히 우리 사회 곳곳에선 경제적 어려움을 토로하고 불안과 불신, 우울과 무기력 등의 부정적 정서가 넘쳐난다. 숫자로 매겨진 풍요의 이면에는 숫자로 풀 수 없는 역설이 자리한다. 이러한 풍요의 역설을 풀 수 있는 열쇠는 다름 아닌 사회적 가치다. 이제 우리 사회는 사회적 가치를 높이지 않고는 나라도 기업도 개인도 성장할 수 없고 행복을 누리기 힘든 세상이 되었다.

사회적 가치는 시장가격만으로 따지기 어려운 품격을 보여준다. 나와 함께할 사람을 선택할 때 여타의 다른 조건도 중요하겠지만 무엇보다 사람의 인품을 보지 않으면 나중에 무척 후회할 것이다. 조지프 나이Joseph Nye는 경제력과 군사력만으로 포착할 수 없는 나라의 품격을 '소프트파워'라 했다. 개인이나 국가에도 품격이 있듯이 기업도 품격이 있다. 기업이 산출한 재무적 성과뿐 아니라 '사회적 가치'에 의해 그 품격이 결정된다.

가격과 가치는 다르다. 가격은 겉으로 드러난 객관적 수치이고 호환성이 높아 누구나 같은 값을 지급한다. 그러나 가치는 내재적이라서 누가 평가하느냐에 따라 달라진다.

경제활동의 성과에 가격표를 매기는 노력은 1934년 쿠즈네츠Simon kuznets가 제시한 국내총생산GDP 개념에서 시작됐다. 세계대전과 대공황이 휩쓸고 지나간 시장에서는 교환된 재화와 용역의 부가가치를 화폐단위로 측정한 GDP 개념은 단순했지만 당시엔 효과적 지표였다. 이후 GDP는 지속해서 다듬어졌고 기업이 생산한 부가가치를 스톡과 플로우로 나누어 측정하는 기업 회계도 같은 방식으로 진화해 왔다.

그동안 경제적 가격만 측정한 이유는 사회적 가치에 대한 공감대가 적었고 이를 적절히 평가하는 일도 어려웠기 때문이다. 그러나 시간이 흐를수록 GDP나 재무회계의 심각한 결함이 드러나기 시작했다. GDP의 성장과 국민들의 행복은 전혀 비례하지 않았다. 이는 삶의 질과 지속 가능성을 측정하기 위한 UN과 여러 국제기구 그리고 각국 통계청의 노력으로 이어졌다.

근본적 변화는 영리기업에서도 일어나고 있다. 기업 전략 연구의 대가인 하버드대학교 마이클 포터Michael Porter 교수는 기업의 비즈니스 모델에 사회적 가치를 녹여 중요한 성과 지표로 관리할 것을 제안한다. 기업과 사회의 공유 가치를 키워야 장기적으로 기업도 성장하고 사회문제도 풀 수 있다는 것이다. 그간 도외시됐던 수요에 부응하는 새로운 제품과 서비스를 제공하거나, 생산성의 기준과 범위를 다시 정의함으로써 지역이나 협력사 클러스터의 생태계가 함께 발전할 수 있다고 본다.

전 세계적으로 기업의 가치를 평가하는 모델도 바뀌고 있다. 미국의 비영리단체인 비랩B-Lab은 기존의 재무적 가치 위주로 정의된 기업의 성공을 환경, 비즈니스 모델, 지역사회, 거버넌스, 기업 구성원에 대한 긍정적인 영향력 등으로 새롭게 정의하여 기업 평가 모델의 표준을 제공한다. 아주 까다로운 조건의 기준을 통과한 기업에만 비콥B-Corp 인증이 주어지는 덕분에 이 마크를 단 회사는 무조건 신뢰할 수 있다는 사회적인 평판이 있을 정도다. 지금까지 50개국에서 약 1,800개 이상의 기업이 비콥 인증 마크를 달았지만 안타깝게도 한국은 비콥 인증 마크를 획득한 기업의 숫자가 아직 미미하다. 세계적으로 가치 투자가 크게 늘었으나 한국에는 여태껏 그 파고가 미치지 못했다.

이제 기업의 지속 가능한 성장을 위해서는 재무적 효율성뿐 아니라 사회적 정당성을 높이지 않으면 안 되는 시대가 되었다. 문제는 사회적 가치가 외부 효과나 공공재로서의 특성을 담고 있어서 시장의 실패가 존재하는 영역의 특성상 기존의 가격기구로는 측정하기 어렵다는 점이다. 그래서 사회적 가치를 측정하려면 단기적 산출물에 장기적 효과까지 포괄해야 하고, 개인이나 조직 수준의 산출물에 거시적 사회 수준의 영향력까지 고려해야 하는 어려움이 있다. 앞서 말한 비콥 인증은 하나의 방법일 뿐 아직 모든 사례에 들어맞는 모범 답안은 없다. 그러나 평가의 틀을 만들어 나가는 일은 그 자체가 매우 혁신적이고 창의적인 일이다. 앞으로 다양한 평가 사례가 누적될 때 평가 생태계가 풍부해질 것이다. 그리고 이러한 변화는 규범과 가치가 시장을 순치해 온 '자본주의의 오래된 미래'가 새롭게 다가오고 있음을 보여 준다.

나쁜 기업, 얄미운 기업이라 손가락질하고 욕하기는 쉽다. 그러나 이들 기업을 올바르게 이끌고, 나아가 사회적 가치가 선순환하는 생태계를 만드는 것은 무척 어렵다. 사회적 가치를 산출한 기업이 더 많은 투자와 보상을 받게 하려면 측정 체계를 구축하고 임팩트 투자를 촉진할 금융시장을 만들며, 소비자들이 더 많은 사회적 가치를 창출하는 기업의 제품과 서비스를 분별할 수 있게 신호체계를 구현해야 한다.

세계 최고의 갑부 빌 게이츠Bill Gates는 2007년 자신이 중퇴했던 하버드대학교 졸업식에서 연설할 때 졸업생들에게 불평등 문제를 고민하라고 당부했다. 자본주의의 양대 축인 시장과 기술혁신을 활용해 가난과 질병으로 인한 인류 불평등 문제를 해결하자고 주장한 것이다. 창조적 자본주의는 기업과 학계, 시민사회와 정부가 함께 머리를 맞대고 지혜를 모으지 않으면 불가능한 일이다. 똑똑한 유권자가 제대로 된 민주주의를 만들듯 똑똑한 소비자와 투자자가 존경받는 기업을 많이 만들면 세상은 더 살 만해질 것이다.

생태계와 공생하라

플랫폼 기반 경제에서 두각을 나타내는 아마존, 페이스북, 구글 등은 주가 총액이나 매출액 기준으로 세계적인 순위를 모두 장악한 기업이다. 이에 비해 삼성전자나 포스코 등과 같은 한국의 대표적 기업들은 전통적인 제조업의 특성과 위계적 조직의 특성을 유지하면서도 세계적인 경쟁력을 갖춘 거의 유일한 기업들이다.

한국의 전통적 대기업은 위계적 조직의 특성을 지니고 있지만 내부적으로는 다양한 사업부 체제를 유지하면서 다각화된 경영을 통해 외부 환경에 적응할 수 있는 구조를 띤다. 또한 자원 활용과 환경 통제 능력을 내부화한 독특한 한국형 재벌 거버넌스를 갖추고 있다. 이러한 구조와 특성은 지금껏 한국 대기업의 중요한 경쟁력 중 하나였다. 그러나 초연결의 확산으로 현재 한국 대기업의 비교 우위와 장점은 애플이나 샤오미 같은 후발형 플랫폼 기반 제조업과의 경쟁에서 여러 가지 문제를 드러낸다. 가장 큰 차이는 협력 업체와의 관계가 플랫폼 기반 제조 업체에 비해 다소 폐쇄적이고 장기적 관계를 위해 준 내부화했다는 점이다.

한국 대기업이 구축한 내부화 전략은 시장의 실패가 두드러진 산업화 초기 그리고 강력한 국가의 교도 능력이 두드러진 고도 성장기에 특히 그 힘이 발휘되었다. 이러한 내부 구조와 거버넌스는 현재 베트남이나 여타 신흥 시장에서 힘을 발휘한다. 이는 한국 대기업의 거버넌스가 미래지향적이라기보다는 전통적 위계의 장점을 극대화하는 방식으로 진화했음을 보여준다.

협력 업체와의 관계에서도 한국 대기업의 역할은 주도적이고 또한 독보적이다. 상생 협력은 장기적 신뢰에 기초한 협력 관계와 신흥 시장으로의 동반 진출 등으로 특징지어진다. 대기업의 압도적이고 주도적인 역할과 협력 업체와의 협력의 장기화가 두드러진다. 그런데 향후 초연결 사회가 도래하면 새로운 형태의 상생 협력의 가능성이 커진다. 즉 거래 비용과 한계비용이 줄어들면 특정 협력 업체와의 양자적 협력보다는 다양한 잠재적 협력 기업이나 개인들과의 직접적이고 투명한 계약을 통한 역동적 생태계의 유지가 중요해진다. 폐쇄형 상생 협력에서 개방형 상생 협력으로 전환되는 것이다.

이러한 흐름은 블록체인의 광범한 활용과 같은 새로운 기술적 진보 때문에 빠르게 진전될 것이다. 특히 스마트 계약이 활성화되면 전면적이고도 포괄적인 전환이 이루어지고 기존의 폐쇄형 상생 협력 패러다임도 빠르게 개방형으로 진화된다.

한국 대기업은 현재의 생산 구조에서는 개방형 상생 협력 구조로 전환하기에 많은 제약이 따른다. 대부분의 글로벌 경쟁 기업이 네타키형 자본주의에 집중하고 있지만, 삼성전자나 SK하이닉스 같은 한국형 대기업들은 초연결 시대를 가능하게 하는 반도체나 통신 장비 등을 만들어 내는 제조 업체로서의 예외성과 독특성을 비교 우위로 유지할 수도 있다.

반면 새롭게 등장할 협력적 생산의 지평 위에서 한국 대기업은 불확실성과 비경제적 동기에서 출발한 괴짜 같은 창의성 그리고 탐색적 노력, 공유 지향, 수평적 협력 생산의 에너지를 지속해서 내부화하지 않으면, 거대한 위계 조직의 불확실성과 무질서를 피하기 어려운 딜레마에 빠지고 말 것이다.

다양한 미래형 에너지를 지속해서 내부화하는 것은 개방형 상생 협력의 생태계를 만들 가능성을 찾는 일이다. 이는 위계화된 조직 구조의 제한된 범위에서 내부적 유연성을 구현하고 불확실성의 요소를 외부화하는 특징을 가진 현재의 '폐쇄형 상생 협력'의 경계를 넘어, 대기업의 거버넌스와 지향 가치를 개방적이고도 유연한 방식으로 바꾸어 나가는 혁신적인 노력에서 찾을 수 있다.

가치 소비를 학습하여 선순환을 구축하라

아마존이 개발 중인 인력 채용 인공지능 프로젝트가 결국 폐기되었다. 남성이 지배적인 기존의 개발자 데이터를 학습한 이 프로그램은 개발자의 이력서를 검토할 때 남성을 선호하는 차별적 판단을 했으며, 아마존은 이러한 문제의 교정을 확신할 수 없었다. 기계 학습이 인간의 편견도 학습한다는 사실은 더이상 놀라운 발견이 아니다.

뿐만 아니다. 소비 촉진을 최우선 목표로 학습하는 알고리즘의 결정에 우리의 진정한 행복은 중요한 고려 대상이 아니라는 점도 새롭지 않다. 충동구매, 과소비 등 장기적으로 자기 파괴적일 수 있는 소비 행태가 데이터로 축적되면, 그 데이터를 학습한 인공지능의 결정은 자기 파괴적 위험을 더욱 높이는 방식으로 우리의 소비를 부추길 수 있다. 그리고 데이터 경제가 다양한 재화로 확장되어 갈수록 파괴적 위험의 범위도 넓어진다. 즉 기계 학습 시대의 소비는 소비로 끝나지 않고 의도하지 않은 빠른 피드백을 반영해 우리의 향후 소비를 비슷한 방식으로 강화하는 역할을 한다.

이러한 순환 고리의 형성은 사회로 하여금 시장에서 학습에 사용될 데이터의 질을 고민하게 만든다. 소비자에게는 현명한 소비로 양질의 소비 데이터를 축적해야 할 필요성을 환기시키는 한편, 기업에는 자기 파괴적 학습의 순환 고리에 빠지지 않고 지속 가능한 소비의 선순환을 모색할 필요성을 제기한다. 지속 가능한 선순환을 이루기 위해서 기업은 가치 소비를 촉진하고, 가치 소비에서 나온 데이터를 학습하여 향후 가치 소비를 촉진하는 데 활용해야 한다. 그러한 선순환의 구축은 바로 앞서 말한 생태계와 공생하는 한 가지 방법이기도 하다.

가치 소비를 활용해 선순환을 구축한 대표적인 사례로는 친환경 아웃도어 의류 회사인 파타고니아Patagonia를 들 수 있다. 의류 재활용을 주도하고 유기농 목화를 원료로 쓰면서 상승한 원가를 가치 소비로 감당한다. 직원들도 친환경 활동가로 충원하며 소비자가 생산자가 되는 순환까지 이루었다. 나아가 "이 윗도리를 사지 마시오Don't Buy This Jacket."라는 극단적인 친환경 광고 문구까지 등장시켰는데 그럼에도 매출이 꾸준히 상승했다.

데이터 경제가 확산될수록 기업 운영에 가치 소비를 반영하는 방식에 기계 학습을 활용할 여지가 커진다. 따라서 학습을 통해 선순환을 구축하는 것은 기업을 더욱 튼튼하게 만드는 주요 전략이 될 수 있다.

왜 가치 소비 데이터를 축적하고 이로 인해 촉발된 선순환을 이루어야 하는지는 글로벌 기업의 특징을 살펴보면 잘 알

수 있다. 카스텔에 따르면 현대 네트워크 사회에서 정보의 흐름에 힘입어 가장 먼저 지구화된 시장은 자본시장이다. 외환시장과 파생 상품 시장이 지구적 차원에서 통합되면서 금융자본은 국경에 구애받지 않고 빠르게 유통된다.

그렇다면 기업 조직은 자본시장만큼 초국적으로 변화되었을까? 그렇지 않다. 다국적 기업이 출현했고 다국적 기업 간 초국적 생산 네트워크가 형성되었으나, 기업 자체는 초국적으로 변화하지 않고 여전히 여러 국가의 규제나 이해관계에 얽혀 있다. 노동시장 역시 노동 이민이 늘어나고 있지만 대부분의 노동은 여전히 국지적으로 국경 내에 묶여 있다.

그런 상황에서 데이터의 생산이 노동으로 인정받는다면 그리고 노동의 기여분에 대가를 지불한다면 기업의 구조는 어떻게 달라질까? 데이터 노동의 출현은 카스텔이 묘사한 국지적 노동시장을 벗어나 지구적 노동시장의 출현을 뜻한다. 카스텔이 가장 먼저 지구화되었다고 지적한 자본시장 역시 지구화된 정보의 흐름에 기반하고 있는데, 지구화된 정보의 생산을 노동의 결과로 보고 대가를 지불한다면 이는 지구화된 노동시장의 출현을 의미한다. 이러한 지구적 시장에서 데이터를 생산하는 노동자는 특정 기업에 배타적으로 소속되지 않는다. 그리고 자신이 생산한 데이터를 가져가는 기업을 위해 의식적으로 일할 필요도 점점 없어진다. 자신이 온라인에서 활동한 흔적이 경제적 가치에 기여하는 만큼, 즉 자신의 노동 포트폴리오의 가치

만큼 보상받을 것이다. 현재는 아마존의 플랫폼 노동(엠터크)만이 영미권에서 지구화된 사례로 주로 회자되곤 하지만, 기술적 구현이 뒷받침된다면 지구적 노동시장의 영역은 급속도로 확장될 수 있다.

자본시장과 노동시장이 모두 초국적으로 작동한다면 이 두 개의 시장에 의존할 수밖에 없는 기업의 구조는 어떻게 될까? 기업은 여러 투자회사의 다양한 투자 포트폴리오의 복합적 총체이며 그 투자 네트워크를 경유해 다른 기업과 복잡한 상호 의존성을 이루고 있다. 비슷한 방식으로 한 기업의 노동력은 수많은 노동자의 다양한 노동 포트폴리오의 복합적 총체이며, 그러한 노동 네트워크를 경유해 다른 기업들과 상호 의존성을 높이게 된다.

시장에서 데이터를 생산하는 플랫폼 노동자는 필요에 따라 유동적으로 기업과 관계를 맺게 되므로 기업은 이런 노동 환경에 활짝 열린 체계로 변화한다. 이제 기업은 다양한 자본의 투자 흐름이 모이는 결절점일 뿐 아니라 노동의 흐름이 모이는 결절점이기도 하다. 수많은 온라인 유저들의 소통 흐름이 모이는 결절점들이 소셜 미디어 플랫폼이며 지식 정보 흐름의 결절점들이 대기업의 데이터 센터이듯, 기업은 자본과 노동의 흐름이라는 중첩된 의미에서 진정한 플랫폼화가 진행될 것이다.

기업의 플랫폼화가 진행되면 기업의 정체성은 현대의 노동만큼이나 불확실하거나 불안정해질 수 있다. 그렇다고 이러한 전망이 기업 구조의 해체를 의미하는 것은 아니다. 예컨대 한때 국내에서는 소셜 미디어 플랫폼인 싸이월드가 급격히 부상했다가 쇠퇴했고 미국에서는 마이스페이스Myspace가 비슷한 전철을 밟았다. 그러나 이것이 플랫폼 자체의 해체를 의미하지는 않았다.

얼마 지나지 않아 페이스북, 인스타그램 같은 다른 강력한 소셜 미디어로 대체되었다. 즉 가상 세계에서 사용자들의 소통 흐름은 분명한 허브를 갖고 있으며 그 허브의 위치가 변할지언정 허브 자체가 해체되지는 않는 것이다.

이처럼 금융, 생산, 노동력까지 상호의존성이 커지고 초국적화된다면 이는 자본, 생산과정, 노동력 확보에 이르기까지 기업 통제력을 약화시키고 기업의 위험을 증폭시킬 수 있다. 그러나 기업이 제대로 이익을 내지 못하는 순간에도 금융시장에서 안정적 투자를 받는다거나 주가가 떨어져도 양질의 데이터 노동을 안정적으로 확보해 이익을 창출한다면, 기업은 상호 의존성의 증가를 기업 안정성을 위해 활용하게 되는 셈이다.

이러한 상호 의존성이 상호 보완의 기능으로 작용하려면 반드시 지켜야 할 분명한 전제가 있다. 데이터 가치를 실현히는 활동을 하는 기업일수록 시장에 그 가치가 무엇인지에 대한 일관되고 확실한 메시지를 줄 수 있어야 한다. 그래야 영업 손실의 시기에도 투자자들에게 실현 가치에 대한 믿음을 줄 수 있고 투자금이 빠져나가는 시기에도 데이터 노동자들에게 가치 실현에 동참할 동기를 유지시켜 줄 수 있다.

이제 기업의 가치를 어필해야 하는 상대는 투자자뿐 아니라 소비자, 데이터 생산자로 확대되고 있다. 기업은 가치 소비 활동에서 파생된 데이터를 더 큰 가치를 생산하기 위한 기계 학습에 올바로 활용할 수 있어야 한다. 그 활용은 자기 파괴적 상품에 기업의 운명을 걸지 않고 지속 가능한 이익을 추구하는 길이다. 또한 그런 가치 증폭의 선순환에 대한 믿음을 데이터 노동자에게 줄 수 있어야 한다. 그래야 데이터 노동자는 그 기업의 제품을 소비함으로써 가치 있는 데이터를 생산해 기업의 향후 가치 생산에 기여할 동기를 얻는다.

현대의 기업은 금융자본의 흐름뿐 아니라 데이터 자본 혹은 데이터 노동의 흐름에 의해서도 기업의 경계가 급변할 위험과 마주하고 있다. 기업은 불확실한 환경을 위기가 아닌 기회로 만들기 위해 데이터에 가치를 담는 방법을 찾아 위험을 관리하는 포트폴리오로 활용할 수 있어야 한다.

MIT 경영대학원의 교수 에즈라 주커먼Ezra W. Zuckerman은 산업 범주에 잘 들어맞지 않아 관련 산업의 증권 분석가들로부터 누락되는 기업들은 자본시장에서 저평가당한다는 사실을 관찰했다. 또한 소비자의 소비 행위와 노동자의 데이터 생산 활동조차 데이터로 축적되며 이러한 데이터가 자본의 주요 형태가 되어 간다. 이제 기업이 자본시장에서 저평가되지 않기 위해 누락시키면 안 되는 대상은 단순히 증권 분석가가 아니라 소비자, 데이터 생산자로 확장된다. 그리고 소비자나 데이터 생산자의 관심은 기존의 산업 분야가 아니라 기업이 지닌 사회적 가치에 따라 범주화되어 갈 것이다.

미래를 좌우할
가장 강력한 변수

───────────○───────────

혁신이나 창조는 그 본성상 새로운 가능성, 새로운 대상, 새로운 관계와 작용을 낳게 되어 있다. 새로운 모든 것을 빼곡하게 정해진 틀 안에서 행해야 한다거나 미리 허락을 받아서 수행하면, 아이디어가 제한적일 수밖에 없고 애써 나온 아이디어도 현실화되는 것이 너무 느리거나 경쟁이 심하면 뒤처지게 된다.

정부와 공공 기관은 4차 산업혁명을 정책 슬로건으로 자주 활용하면서도 조직 운영과 업무 방식에서 변화가 더딘 영역이다. 혁신 같은 디지털 기술을 국가 발전의 지렛대로 십분 활용하기를 바란다면, 무엇보다 공공성을 주도한다는 명분에 근거해 권력과 행정적 권한으로 일사불란한 효과를 얻으려는 관성에서 벗어나야 한다.

또한 기술혁신을 적극적으로 돕는 촉진자 역할을 수행하면서 개입자가 되거나 관리자가 되려는 유혹을 조심해야 한다. 비정부 부문, 시장이나 시민사회의 다양한 주체들과 정보나 권한을 공유하려는 솔선수범이 필요하고, 이를 위해 각종 규제를 전가보도(傳家寶刀)처럼 활용하는 행정 주의나 지시 주의의 관행을 내부에서 혁신하는 결단이 필요하다.

거버넌스 혁신이 필요하다

인류 역사상 네 번째로 맞는 혁명적인 발전과 변화는 이전과는 확연한 차이가 있다. 기존의 산업혁명들이 기술 발전을 통한 산업의 변화를 이끌었다면 4차 산업혁명은 인간의 삶 전반에 걸친 혁신적인 변화는 물론 사회 전체를 이끄는 가치 변화까지 가져오고 있다.

변화에 맞춰 개인과 기업 등 다양한 영역에서 능동적이고 적극적인 대응이 필수적이다. 정부도 마찬가지다. 디지털 혁신의 기술 환경을 적극적으로 수용하면서도 협력과 공존, 신뢰와 공유의 미래 공동체를 만드는 일은 정부의 핵심 과제다. 이를 위해서는 관료행정으로 특징지어지는 근대국가의 거버넌스 체제를 4차 산업혁명에 걸맞은 방식으로 바꾸는 것이 매우 중요하다.

정부는 고유한 입법 능력, 재정 집행 능력, 정책 수행 능력을 통해 사회 전반의 혁신을 뒷받침하고 사회적 가치의 확산을 돕는 데 크게 기여할 수 있다. 하지만 한편으론 강력한 영향력과 관료 조직적 관성이 변화의 장애 요소가 될 수도 있다. 정부의 거버넌스 혁신은 특정한 정책 효과로 이루어지는 것이 아니라 사회의 다양한 주체들이 창의와 개성, 혁신의 요소를 확대할 수 있는 총체적 인프라 구축과 환경 조성으로 가능해진다. 정부의 힘을 활용해 사회 각 주체들의 자율성과 창의성을 뒷받침하는 높은 수준의 거버넌스 시스템을 구축해야 한다.

정부는 재정집행권과 법적 통제력으로 사회의 모든 영역 그리고 다수 구성원들에게 압도적인 영향력을 행사하는 주체이자 권력이다. 또한 대외적 주권을 지닌 주체로서 특정 국가나 국제사회의 압력에 저항할 수 있는 독자적 권리가 보장된다. 따라서 디지털 혁명의 광범위한 흐름에도 불구하고 그 특유의 지위에서 유래하는 힘과 권위를 쉽사리 내려놓지 못한다.

많은 인터넷 정보가 데이터로 공유되며 새로운 플랫폼 비즈니스의 자산으로 활용되어도 정부가 독점한 정보는 쉽게 공개되지 않는다. 우버나 에어비앤비 같은 대표적 공유 경제가 확대되는 것이 국가별로 큰 차이를 보이는 것도 정부의 정책과 법적 규제가 국가별로 다르기 때문이다. 빅데이터 활용과 프라이버시 보호 사이의 선택을 둘러싼 정책적 갈등도 결국은 정부 입장에서 조율될 수밖에 없다. 한마디로 정부는 디지털 혁명, 4차 산업혁명의 진로를 좌우하는 매우 강력한 변수가 된다.

강한 힘을 지닌 존재일수록 그 힘을 올바른 곳에 신중하게 사용해야 한다. 정부는 위로부터의 관료행정적 지시로 빠른 효과를 얻으려는 유혹을 경계할 필요가 있다. 정부의 적극적인 지원이 큰 힘으로 작용하는 사회적 가치 실현 모델이 강조될수록 사회 전체 차원에서 집합주의, 권위주의, 국가주의를 강화할 가능성이 커진다. 또한 정부의 과도한 개입은 상호 신뢰와 자발적 협력에 의존하는 협동조합, 지역복지, 시민 참여 프로그램의 자생력을 약화하고, 궁극적으로 사회적 가치 실현을 위한 미시적 인프라 구축에 부정적 효과를 미칠 수 있다.

지식재산 정책 거버넌스를 예로 들어 보자. 4차 산업혁명이 진행될수록 지식재산의 역할과 비중이 급격히 커진다. 제조업이나 전통적 서비스업과는 다른 기술 산업의 디지털 융복합을 통해 스마트 비즈니스 사회로 이행할 것으로 예측되기 때문이다. 특히 플랫폼 경제는 승자 독식이란 말이 어울릴 정도로 기술을 선점한 기업이나 조직의 절대적 우위가 실현된다. 따라서 많은 국가들이 특허나 원천 기술 개발과 보호에 힘을 쏟고 이를 뒷받침하기 위해 지식재산권 관련 정책들을 추진한다. 첨단 기술이 출현하고 연계되면서 대학, 연구 기관, 기업, 창의적 벤처 등 다양한 주체에 의해 지식 생산이 이루어진다. 또한 지식재산의 생산과정에서 적지 않은 새 일자리가 창출될 수 있어 고용 문제를 해소하는 데도 매우 중요하다.

지적재산과 관련한 정부의 거버넌스는 크게 민간 주도형과 국가 주도형으로 나뉜다. 미국은 스탠퍼드대학교 주변의 실리콘밸리나 하버드대학교, MIT 주변의 보스턴 밸리에서 첨단 사업, 기술혁신, 지식재산의 지속적인 발전이 이루어지고 있다.

미국 정부의 역할은 신속하고 탄력적인 지식생산 정책 수립 및 행정 서비스 제공과 특허권 보호에 중점을 둔다. 미국은 2011년 9월 특허법American Invents Act을 제정하여 특허와 관련한 권한을 연방의회에서 특허청으로 이양했다. 영국 역시 기업과 대학들이 활발한 기술혁신을 담당하는 가운데 정부가 지식재산 관련 활동을 적극적으로 지원하고 정책적으로 후원하고 있다.

중국의 경우 정부가 4차 산업혁명을 국가 경쟁력 확보를 위한 신성장 동력으로 채택하고 '중국제조 2025' 전략을 직접 추진하는 국가 주도형의 대표 사례다. 중국은 대학의 연구 역량을 등급화하고 첨단 기술의 보호와 개발을 위해 국가적인 지원과 개입을 마다하지 않는다. 중국 정부는 2016년 국가 과학기술 혁신 계획을 수립하여 연구 개발 인력 양성은 물론이고 특허 출원, 발명 특허 보유 등 구체적 목표를 설정했다. 그 결과 중국의 PCT 국제출원 건수는 미국과 일본에 이어 세계 3위를 점한다. 과학기술 강국으로 꼽히는 일본은 '일본 재흥전략 2016: 4차 산업혁명을 향하여'를 범정부 차원의 정책으로 발표하고 추진한다. 또 지식재산 전략 본부를 중심으로 '새로운 정보재 검토위원회'를 신설하고 지식재산의 추진 계획을 수립 및 집행하고 있다.

민간 주도와 정부 주도 중 무엇이 더 적절한지는 단언하기 어렵다. 각 사회의 역사적 경로, 정치체제, 사회제도와 문화적 특성 등에 영향을 받기 때문이다. 하지만 어떤 경우든 정부가 이해 당사자로서 직접 개입하거나 단기적 효과를 우선시하면 성공하기 힘들다. 혁신적 지식의 창출과 공유, 사회적으로 활용될 수 있는 제도와 시스템, 창의적인 인재를 키우고 평가하는 교육 방식의 전환 등을 수반하는 포괄적인 인프라 조성이 이루어져야 할 것이다.

개입자가 아닌 촉진자로 활약하라

디지털 혁신의 기술 환경을 지렛대로 활용하여 협력과 공존, 신뢰와 공유의 미래 공동체를 만들기 위해서는 무엇보다 정부가 그 힘을 어디에 어떻게 활용할지 잘 알고 있어야 할 것이다. 정부는 주도자나 당사자로 정책 현안에 개입하기보다 혁신적 생태계 구축을 돕는 촉진자의 역할을 담당해야 한다. 또한 구체적인 정책 추진의 담당 주체나 이해 관계자와는 별개로 행위 양식, 상호작용 규범, 활동에 대한 적절한 평가 방식을 재구성하고 혁신하는 데 더욱 관심을 기울여야 한다. 한마디로 정부에 부여된 총체적 리더십, 포괄적 프레임 구성력을 퀄리티 있게 재구성하는 자기 혁신이 매우 중요하다.

클라우스 슈밥은 디지털화가 어떤 결과로 이어질지 결정하는 중요한 매개변수를 리더십이라고 주장한다. 4차 산업혁명의 기술혁신을 유의미한 네트워크와 창의적 활동으로 연결하기 위해서는 시민들의 지속적인 참여를 독려하고 동기를 부여하며, 플랫폼이 제대로 작동하도록 관리하는 혁신적 리더십이 필수적이다. 첨단 기술이 모든 것을 해결해 주리라는 기술 의존적 태도나 관료주의적 지시 행정으로는 결코 새로운 혁신을 이룰 수 없다. 기술과 제도, 책임과 참여가 선순환적으로 연동되는 혁신 생태계를 구축해 가는 작업이 긴요하다.

정부는 다른 조직과 달리 공공성을 독점하고 법과 재정을 집행하는 절대적인 힘을 지닌다. 그 힘을 적절한 방식으로 사용하는 지혜와 노력이 수반되어야 개인과 기업 등 국가 전체를 바라던 목적지까지 이끌 수 있다. 인공지능, 빅데이터, 초연결성 등이 가져오는 새로운 기회와 역동성을 적극 수용하면서도, 공공 가치의 훼손이나 사회적 불평등 심화로 이어지지 않도록 하는 환경 관리자의 역할을 균형감 있게 수행해야 한다.

또 기업, 시민 단체, 공공 기관 등 사회의 여러 주체가 각각의 동기, 관심, 기대, 책임, 역량 등 모든 면에서 흥미를 갖고 적극적으로 참여하도록 도와야 한다. 더불어 이 움직임이 사회 전반의 가치 실현과 연결될 수 있도록 하는 양질의 거버넌스를 구현해야 한다.

무엇보다 사회의 혁신 주도자와 파괴자를 구별하고 전통과 혁신, 과거와 미래의 균형점을 찾는 일이 중요하다. 모든 문제는 전문성과 권한을 지닌 정부가 주도해 해결한다는 문제 해결사의 태도가 아니라, 다양한 견해와 입장을 지닌 사람들이 직접 해결책을 찾도록 돕는 조력자 역할을 해야 한다.

대표적인 사례로 노동과 교육의 미래를 생각해 보자. 4차 산업혁명은 노동의 성격과 형태, 직업의 존재 방식을 현저하게 바꾸고 있다. 새로운 형태의 일과 결과물이 끊임없이 쏟아지고 고정된 일자리는 점점 더 일시적이고 유동적인 것으로 바뀐다. 이에 비해 지난 수십 년의 산업화 과정에서 정형화된 노동 관련 법규와 관행은 조직 부문에 피고용된 생산직 노동자와 사무직 종업원을 대상으로 노동 3권의 보호와 사회보장 등에 기초한다. 이런 규율은 사용자에 의해 장소, 시간, 내용, 방법, 임금 등이 결정되는 시스템을 전제한다. 하지만 오늘날 전개되는 디지털화는 이 모든 것을 총체적으로 바꾸고 있다.

　　따라서 기존의 노동법규를 강조하거나 부분적 수정으로 대응하는 것은 충분하지 못하다. 규제 강화냐 규제 완화냐의 이분법을 넘어 초연결 사회, 네트워크 사회, 플랫폼 경제와 공유 문화가 급격히 진전될 미래에 걸맞은 새로운 패러다임을 정부의 거버넌스와 접맥시켜야 한다. 노동의 시간과 장소, 유형과 범위가 비정형화되고 네트워크화되는 환경에 적응하면서 창의적이고 역동적인 경제활동이 가능하게 만들어야 한다. 더불어 정규직과 비정규직을 구분하고 이에 따라 차등적 권리가 배분되는 현재의 방식도 근본적으로 재고해야 할 것이다.

　　이런 변화는 노동과 여가, 직장과 가정, 일과 삶을 구별하던 기존의 관점을 바꾼다. 이는 노동시간의 유연화, 고용 관계의 다양화, 기업의 탈조직화, 플랫폼 비즈니스의 활성화 경향과 밀접하게 연결되어 있다. 행위자의 자율성과 자발성을 존중하면서 다양한 연계와 결합, 변형이 가능하도록 유연성과 가변성을 보장하는 새로운 거버넌스를 구상해야 한다.

독일에서는 근로시간 계좌제를 운영한다. 이 제도는 협의에 의해 근로시간을 탄력적으로 운영하면서도 그 차이를 계좌에 적립해 보상하는 제도다. 또한 무분별한 네트워크의 확장으로 인한 생활의 침해를 방지하기 위해 연결되지 않을 권리를 보장하는 것도 필요하다. 초연결 사회의 효율성만 일방적으로 강조할 경우 노동시간과 여가 시간의 경계가 모호해지고 상시적인 업무 스트레스를 가져올 수 있다.

교육 혁신은 기술혁명 시대에 더욱 중요하다. 산업화 시대에 구축된 현재의 교육제도와 내용은 이미 그 수명을 다했다고 해도 과언이 아니다. 초연결화와 집단 지능, 융복합의 지식 형태가 교실에서 제대로 교육되지 못하고 성적 중심의 줄 세우기, 우등생 만들기 교육이 여전히 지속되고 있다. 미래지향적 꿈과 혁신적 마인드가 키워지기보다는 일류 대학 진학이라는 단기적 목표에 집착하며 경쟁과 이기심만 강화되는 부작용도 여전하다. 이러한 교육이 고질적인 학력 주의나 상하 서열 문화와도 친화력이 강하다는 점은 두말할 필요도 없다.

정부의 교육 거버넌스는 가장 혁명적으로 또 발본적으로 전환되어야 할 부문 중 하나다. 학교와 교사, 학생들의 창의력과 다양성이 자라날 수 있도록 제도를 유연화하고 트랙을 다원화하는 노력이 필요하다. 이를 위해서 정부가 가진 강력한 통세 권한, 법과 행정적 규제, 지시 관행을 개선해야 한다. 학교와 교사 역시 기존 방식에서 벗어나 기술혁명의 물결에 적극적으로 합류하는 교육 프로그램의 일대 혁신을 시도해야 한다. 이런 노력은 정부가 자율적인 협약과 가치 공유, 유연한 타협이 가능한 제도적 환경을 마련하는 혁신 촉진자의 역할을 수행해야 가능한 일이다. 정부는 초연결성이 주는 시너지 효과를 약화시키지 않으면서도 삶의 자율성을 침해하지 않도록 새로운 생태계를 조성해야 한다. 이런 변화는 4차 산업혁명 시대에 걸맞은 정부 혁신의 모습이 될 것이다.

공유를 솔선수범하라

4차 산업혁명으로 불리는 혁신적인 변화의 물결 속에서 생존을 위해, 나아가 발전과 성공을 위해 우리가 주목해야 할 사회적 가치의 핵심은 단연 공유다. 개인과 기업은 물론 정부 역시 공유 가치에 공감하고 적극적으로 변화함으로써 스스로 모범을 보여야 한다.

정부는 정보와 데이터 그리고 정책과 예산을 공유하는 플랫폼이다. 그러나 민간과의 공유는 차치하더라도 공공 기관 간 공유도 여전히 문제다. 2003년 대구 지하철 참사 때 부처별 재난 정보 통신망이 전혀 공유되지 않아 피해를 키웠다. 그러나

11년 뒤 발생한 세월호 참사에서도 이 문제는 전혀 개선되지 않았다.

통계 공유의 실패도 심각하다. 참여 정부의 성과라는 통계청 'e-나라지표'에 들어가 보면 부처마다 제공한 자신들의 정책 투입을 자랑하는 통계로 가득하다. 지방자치단체마다 주민 대상으로 대대적 조사를 거쳐 사회지표를 만들지만 형식과 내용은 제각각이다. 정작 정책 수요자인 국민 눈높이에 맞는 일관된 통계는 없다. 국민 삶을 일목요연하게 파악하려면 지금보다 훨씬 적확한 통계 자원 공유와 범정부적 조정이 필요하다.

국가의 장기 미래를 설계하는 데도 국책 연구 기관 간의 공유와 조정이 핵심이지만 소관 부처의 눈치를 봐야 하는 연구 기관 간의 조율은 쉽지 않다. 그러니 장기적이고 종합적인 국가의 미래 전략이 나올 리가 없다. 경제인문사회연구회 산하 26개 정부출연연구기관에서 매년 수백 억 원을 들여 패널 데이터를 모으지만, 영유아, 학생, 청소년, 노동 청장년, 노년 별로 자료가 따로따로다. 사람의 생애는 연속적인데 생애사 데이터는 기관별로 단절되어 있다.

한국연구재단의 토대 연구 지원도 마찬가지다. 가능한 한 많은 연구자가 각자의 데이터를 모으도록 예산을 쪼개다 보니 공유재인 장기종합조사는 지원 대상에서 배제된다. 이런 풍토에서 100여 개국이 참여하여 학술 공공재로의 가치를 극대화한 〈세계가치관조사〉나, 지난 60년간 매년 축적해 온 미국의

〈일반사회조사〉, 혹은 일본 학계와 정부가 총력을 기울여 지난 50년간 모은 〈계층이동조사〉 같은 토대 자료는 넘볼 수 없다. 한국적 사회과학이나 제대로 된 정책 연구 역시 기대하기 어렵다.

천 명 규모 설문 조사의 경우 수백만 원짜리 자동 응답 전화 조사로 모은 자료는 아무리 많이 쌓아도 학술 가치가 없다. 표본 대체율이 거의 100%에 달하기 때문이다. 제대로 된 표집으로 자료를 모으면 비용이 수십 배는 더 들겠지만 활용도는 수백 배 더 높아진다.

사드 배치 문제로 중국에 호되게 당한 뒤 문재인 정부는 '한반도 신경제지도 구상'을 아세안과 인도 등으로 확장시키는 신新 남방 정책을 추진하겠다고 선언했다. 그러나 아시아 각국에 대한 종합 정보를 축적하고 발산하는 싱가포르대학교 아시아연구소나 일본 무역 진흥 기구 아시아경제연구소 같은 안정된 공유 인프라는 없고, 고만고만한 개별 지역 연구소들만 즐비하다. 군郡마다 첨단산업단지를 만든다고 첨단산업이 발전할까. 지방마다 연구 기관을 나누어 준다고 R&D 효과가 커질까.

그동안 정권이 바뀌면 임기가 보장된 정부 산하 기관장들을 일제히 낙하산 인사로 갈아 치우는 관행은 문재인 정부에서도 달라지지 않았다. 이 시대 사회적 가치는 공유 효과를 극대화하는 데서 출발한다. 공공 기관일수록 제대로 된 인프라를 깔고 필요한 자원을 집중해 공유를 촉진해야 한다. 그러지 않으면 대권에 줄을 선 추종자들에게 분권과 균형을 명분으로 공적 자원을 분할 약탈할 합법적 기회를 제공했다는 오래된 비난에서 벗어나지 못할 것이다.

혁신과 창의를 가로막지 마라

혁명 같은 변화의 시기를 맞아 기업은 그 어느 때보다 창의적인 시도와 도전이 중요해졌다. 그런데 공권력이나 법을 통한 경제적 행위의 규제는 자칫 혁신적이고 창의적인 시도를 억제하거나 피하게 만드는 결과를 가져올 수 있다. 물론 기업도 개인과 마찬가지로 법의 테두리 안에서 보호받고 제약받는 존재이기에 법에서 완전히 자유로울 순 없다.

혁신적이고 창의적인 시도는 충분한 자율과 자유를 전제로 한다. 맘껏 그림을 그리라고 하면서 이렇게도 저렇게도 하면 안 된다는 제약을 빼곡하게 두면 결국 미리 정해진 대로 그림을 그리라는 말밖에 되지 않는다. 혁신이나 창조는 그 본성상 새로운 가능성, 새로운 대상, 새로운 관계와 작용을 낳게 되어 있다. 이러한 새로운 모든 것을 빼곡하게 정해진 틀 안에서 행해야 한다거나 미리 허락을 받아 수행하면, 아이디어가 제한적일 수밖에 없고 애써 나온 아이디어도 현실화되는 것이 너무 느리거나 경쟁이 심하면 뒤처지게 된다. 물론 신약 개발처럼 생명에 중요한 영향을 미치는 일들은 조심스럽게 접근해야

겠지만 말이다.

　법을 제정하는 공권력이 행위를 규제하는 근거는 사회적·공적 가치를 지키기 위해서다. 예컨대 시장 경쟁을 저해할 가능성이 있거나 아니면 소비자들에게 피해를 줄 수 있거나 또 일하는 사람들의 권리를 침해할 가능성이 있을 때 공권력은 법을 통해 개인이나 조직의 행위를 제약한다. 그중에서도 특히 개인보다는 조직의 행위를 제약할 때가 많은데, 이는 조직이 보통 개인에 비해 물적·제도적으로 더 우월한 위치에 있기 때문이다.

　안타깝게도 공권력 조직, 특히 기업에 대한 경제적 행위의 규제가 반드시 공적 가치나 공익을 위하는 것은 아니다. 대표적인 예가 관료나 공권력을 행사하는 사람이 자신이나 자신이 속한 집단의 이익을 도모하기 위해서 규제를 가하는 경우다.

　혁신적이고 창조적인 기업의 시도에 대한 경제적 규제 중에 관료나 권력 담당자들의 이익을 위한 것도 있을 수 있고, 새로운 시도가 가져오는 불확실성을 줄여서 책임을 피하고자 하는 동기가 있을 수도 있다. 또 단지 상상력이 제약되어 새롭고 혁신적인 시도의 가치를 제대로 보지 못하는 인도 있다. 이러한 동기들은 모두 한결같이 앞서 언급한 것처럼 사회적·공적 가치를 지키기 위한 것과는 거리가 멀다. 오히려 새롭고 혁신적이며 창조적인 시도로 경제적 혹은 사회적 가치가 만들어질 수 있는 데도, 관료나 권력을 행사하는 사람들의 규제로 인해 시민들은 그 혜택을 받지 못하게 만들어 기회비용을 지불할 수도 있다.

법률이나 공권력에 의한 규제가 공공의 복리나 후생을 침해할 가능성은 시장의 기능을 과도하게 제약함으로써 새로운 시도의 자발적 검증과 그에 대한 후원을 얻을 기회를 빼앗는 것에서 찾을 수도 있다. 모든 혁신과 새로운 시도를 관료나 권력 담당자의 눈치를 보고 이들과의 협조나 협력을 통해 얻으려고 하는 관행이 일반화될 때 문제는 더욱 심각해진다. 공권력이나 법에 의한 경제적 행위의 과도한 규제는 달리기 트랙에 장애물을 놓는 것과 마찬가지라는 인식이 사회적으로 광범하게 공유될 필요가 있다.

진정한 사회 혁신은
시민의 힘에 기초한다

4차 산업혁명 시대의 공공성 문제를 다시 숙고할 필요가 있다. 공공성은 기본적으로 전체 공동체에 도움이 되는 가치를 의미한다. 공공성은 사적 이익이나 특정 부문의 이해관계를 초월한다. 사회적 신뢰의 강화, 정당하고 공정한 룰, 혁신의 인큐베이팅, 미래 세대를 위한 배려 등은 모두 공동체 차원에서 아주 중요한 가치다. 하지만 현실에선 종종 무시되거나 후 순위로 밀리기 쉽다.

사회를 크게 국가, 시장, 시민사회로 나누어 봤을 때 우리는 정보 기술의 급격한 발전에 대응할 방안을 논하면서 놀라울 정도로 시민사회의 역할에 주목하지 않는다. 시장이 어떻게 4차 산업혁명에 대응해 지속적 가치를 생산할 수 있을지는 항상 논의되며, 국가가 어떻게 기술 발전에 따라 급변하는 노동 여건에 대응하는 정책을 펼지도 논의의 대상이다.

그러나 정작 개개인의 신념이 뭉쳐 가장 강력한 힘을 발휘할 수 있는 시민사회가 어떻게 나서야 하는지는 별로 들리지 않는다. 더군다나 지식 정보 사회에 대한 대응을 국가와 시장으로 양분하여 모색하는 것은 규제와 자율이라는 논리 간 갈등을 피하기 힘들어 그 한계가 분명하다. 때문에 사회 전반의 가치 혁신과 새로운 생활 세계 구축을 위해서는 국가와 시장 사이에 존재하는 자율적인 주체의 역할이 매우 중요하다.

시민사회의 여러 조직체도 디지털 혁명 시대에 걸맞은 자기 혁신이 필수적이다. 데이터가 활용되는 상황을 두고 무관심한 방관자가 아니라 데이터 구축과 활용 과정을 감사 및 감시하고, 그것이 미래 인재 육성을 위한 공유 자산이 되도록 이끌려는 책임 의식을 지녀야 한다. 또한 인공지능 시대라 해도 궁극적으로 사회 혁신은 시민의 힘과 자율성에 기초한다는 강한 믿음을 가지며 수평적 연대, 다중적 협력 방식을 만들어 가야 할 것이다.

다양한 주체의 공적 가치에 대한 자각이 필수다

공공 가치는 국가만의 목표가 아니다. 오히려 학교, 종교, 자치 조직 등의 기관은 물론이고 노조나 시민 단체, 비정부기구들에 의해 다양한 방식으로 수행된다. 국가 행정조직의 일부가 아니며 그렇다고 이윤 추구를 목표로 하는 기업 조직도 아닌, 자발적 결사체인 민간단체의 공적 기능 수행이 더욱 중요한 이유다.

이런 맥락에서 4차 산업혁명 시대의 공공성 문제를 다시 숙고할 필요가 있다. 공공성은 기본적으로 전체 공동체에 도움이 되는 가치를 의미한다. 공공성은 사적 이익이나 특정 부문의 이해관계를 초월한다. 사회적 신뢰의 강화, 정당하고 공정한 룰, 혁신의 인큐베이팅, 미래 세대를 위한 배려 등은 모두 공동체 차원에서 아주 중요한 가치다.

하지만 현실에선 종종 무시되거나 후 순위로 밀리기 쉽다. 특히 눈앞의 성과와 단기적인 이익, 이기적 욕망이 강조될 때 훼손되기 쉬운 것이 공공성이다. 디지털 혁명 시대에 기존의 상호작용이나 행위 방식, 이윤 추구의 모델이 급변하는 상황 속에서 공공성이 어떻게 재구성되고 지속 가능할지 주목하는 일은 매우 중요하며, 자율적 민간 조직들의 자기 혁신도 이루어져야 한다.

이 과정에서 가장 중요한 것은 다양한 주체들이 자율적으로 실현하는 공적 가치에 대한 자각과 인정이다. 데이터의 사례를 살펴보면 현재 우리 사회에서는 데이터가 자산이 되고 이윤 추구의 차원에서 이를 활용하는 일이 늘고 있다. 따라서 새로운 기술혁신의 시대와 걸맞게 데이터의 생산과 유통, 활용에 대한 사회적 규범과 절차가 달라져야 하는 것도 분명하다. 그런데 현재는 데이터를 생산하고 제공하는 개개인이 정당한 노동의 대가를 제대로 받지 못한다. 즉 기업이 데이터를 활용하고 큰 수익을 올리지만 생산자인 개개인에게 그 수익을 정당하게 나누지 않는다.

뿐만 아니다. 빅데이터의 집적이 정부의 감시나 통제, 소수 기업의 이윤 독점으로 이어질 가능성도 얼마든지 존재한다. 그럼에도 불구하고 데이터의 생산과 활용에 대한 대안 제시 기능은 상대적으로 매우 취약하다. 디지털 데이터의 확대와 집적, 활용이 개인의 권리와 자율, 프라이버시를 침해하지 않고 다양한 행위자들의 자율성과 다양성, 독자적 목소리를 강화할 수 있도록 모든 사회단체들이 자각하고 지혜를 모아야 한다. 의료 관련 데이터의 공유 문제, 재산 및 소비 관련 데이터 공개, 데이터의 경제적 활용 권리, 프라이버시 공간의 위축 등에 대해 적절히 조율하고 해결하는 역할을 정부에 요구하는 일도 포함될 수 있다.

나아가 디지털 혁명이 만들어 내는 새로운 환경, 새로운 가치, 새로운 조직화가 공공성을 침해할 수 있을 가능성을 조금 더 경각심을 갖고 살피며, 함께 자발적인 참여가 이루어져야 한다. 예컨대 인공지능의 역할이 지속적으로 커질 미래와 관련하여 긍정적인 기대 못지않게 염려와 걱정도 대두된다. 당연히 인공지능 활용에 따르는 규범과 법 문제도 현실의 쟁점이 되고 있다.

드론이 일상화하면서 실종자 수색이나 범죄 예방에 사용되기도 하지만 사생활 침해와 주거침입의 위험도 문제가 되고 있다. 자율 주행 자동차가 등장하고 곧 확산될 기미를 보이지만 이에 따르는 교통법규와 사고 시 책임 문제는 여전히 정비되지 못한 상태다.

실제로 2018년 3월 18일 미국 애리조나 주 피닉스의 한 교차로에서 자율 주행 자동차 탓에 첫 사망사고가 발생했다. 기술적 결함이 원인일 수도 있으며 심지어 해킹에 의한 사고였을 가능성도 배제할 순 없다. 사고와 관련한 다양한 가능성을 고려할 때 무인 자동차가 가져올 수많은 편익에도 불구하고 법적 대응책이 마련되지 않으면 적지 않은 혼란이 야기될 수 있다.

또한 3D 프린터는 3차원 공간 안에 실제 사물을 복제하는 기술로 의료, 생활용품, 복잡한 기계 생산 등 다양한 분야에서 혁신적인 변화를 가능하게 해 준다. 반면 이 기술은 고도의 범죄 도구를 손쉽게 만들거나 타인의 지식재산을 임의로 복제, 유통하는 데에 활용될 수도 있다.

이처럼 4차 산업혁명은 기술적이고 경제적인 문제만이 아니라 윤리적·도덕적 문제까지 발생시키고 있다. 이 부분을 어떻게 대응할 것인가 고민하는 것은 이제 우리 모두에게 피할 수 없는 숙제다. 정부의 대응만으로 해결할 수 없고 기업에 맡겨둘 수도 없다. 예측 불가능할 정도의 융·복합이 진행되고 다층적인 네트워크와 수많은 정부 분석과 인공지능 및 인긴 기획이 맞물리는 시대의 변화를, 전형적인 법규나 행정 규제로 대응하는 것은 비효율적일 뿐 아니라 또 다른 문제를 발생시킬 수 있다.

따라서 다양한 민간 주체, 시민사회의 기관들이 경각심을 갖고 이 문제에 대응하는 총체적인 노력이 필요하다. 이제 인간과 사물의 연계, 생산과 소비의 결합, 구상과 실행의 연결에 전면적으로 새로운 관점이 필요하며 이를 반영하는 패러다임 전환에 시민사회의 모든 주체들이 참여해야 한다. 기술 주의의 위험을 무시하지 않으면서도 행정 지시나 위계적 통제 방식을 넘어서는 고도의 혁신적 거버넌스가 마련되지 않으면 이런 패러다임의 전환은 무척 어렵다.

데이터 경제의 에너지 효율성을 높여라

우리는 흔히 전기차를 친환경적이라 생각한다. 그러나 전기를 주로 석탄 발전을 통해 생산한다면 전기차가 가솔린이나 천연가스 자동차보다 친환경적인지 불분명해진다. 그럼 재생에너지로 각광받는 태양광 발전으로 전기를 생산한다면 문제가 해결될 수 있을까? 태양광 패널 폐기물이 환경 파괴에 미치는 영향 역시 논쟁 중이다.

　그럼 전기차 대신 수소차를 활성화한다면 어떨까? 수소 연료 생산방식이 환경에 미치는 영향이나 전력 소모량 평가 역시 긍정적이지만은 않다. 이처럼 인간의 에너지 생산 및 소비 활동이 환경에 미치는 영향은 매우 복잡하며, 데이터 생산과 유통이 당장 굴뚝에 연기를 유발하지 않는다고 해도 환경에 미치는 영향은 상당할 수 있다.

따라서 데이터 경제가 에너지 소비에 얼마나 기여하는지 평가하고 에너지 효율성을 높이도록 개선하는 활동이 매우 중요하다. 그리고 이러한 활동은 사회의 큰 구성원 가운데 시장이나 정부보다도 시민사회가 추구하는 가치와 부합하는 활동일 확률이 높다.

인공지능의 발달은 엄청난 속도로 수많은 연산을 수행하는 것을 가능하게 했지만 이 역시 그에 상응하는 양의 에너지 자원 없이는 불가능한 일이다. 2017년 말 기준 전 세계 전기의 3%가 오로지 데이터 센터에서 소비되고 있는 것으로 추산되며, 데이터 센터의 에너지 소비 문제는 더욱 심각해질 전망이다. 그렇다면 컴퓨팅 자원을 데이터 센터 혹은 중앙 집중화된 클라우드에 의존하지 않고 블록체인으로 분산시킨다면 에너지 효율성은 어떻게 될까?

단순화시켜 보자면 블록체인은 관리 비용이 모든 참여자에게서 중복적으로 나타나고 관리의 효율성을 희생시켜서 투명성을 얻는 방식이라고 볼 수 있다. 또한 암호 화폐 발생을 위한 작업 증명Proof-of-Work 방식은 소위 채굴Mining이라 불릴 만큼 에너지 소모가 심하다. 채굴을 위해 과거 발전소 부지를 통째로 사용하기도 하며, 비트코인의 가격이 일주일 사이 1/3 가까이 폭락하자 채굴 업체들은 에너지 소비 비용을 감당하지 못하고 잇따라 파산 신청을 하기도 했다.

물론 지식정보산업은 에너지 문제를 심화시키기보다는 둔

화시키거나 개선하는 방향으로 활용될 수 있다. 그린피스 Greenpeace는 여러 나라의 지식 정보 기업을 대상으로 에너지 성적표를 매년 발표하는데 재생에너지 소비와 에너지 효율성 향상을 강제하고 있다.

정보의 디지털화와 유통은 종이 인쇄를 줄여 환경보호에 도움을 줄 수 있다. 대규모 데이터 센터 중심으로 저장과 연산을 클라우드화 혹은 유틸리티화시키는 것은 불필요한 개별 연산 컴퓨터의 가동을 최소화해 궁극적으로는 에너지 절약에 기여할 수도 있다. 반대로 블록체인에 기반해 마이크로그리드 Microgrid 전력 거래 시스템을 마련한다면 에너지 효율성을 높일 가능성도 있다.

그럼에도 불구하고 데이터로부터 가치를 뽑아내기 위해 현재 거대 플랫폼을 중심으로 데이터 수집, 가공, 학습을 시키는 데 들어가는 에너지가 막대하다는 점을 부인하기 어렵다. 또한 대안으로 고려되는 블록체인의 에너지 효율성이 오히려 더 낮을 수 있다는 점 역시 간과할 수 없다.

블록체인에 비판적이기로 유명한 뉴욕대학교 루비니Nouriel Roubini 교수는 "보통 블록체인상에서 뭔가가 구현된다는 것은 여러 장비에서 동일한 소프트웨어를 복제해서 실행하는 비효율성을 뜻한다. 그리고 블록체인은 현재의 중앙화된 클라우드 연산에 비해 필요한 저장 용량과 전산 능력은 훨씬 커야 하며 결과를 얻기까지 지연Latency은 훨씬 높다."고 했다.

즉 블록체인이 거래 비용을 극도로 낮추는 대신 다른 종류의 정보 비용이 극대화되고 있는 것은 아닌지 평가가 필요하다는 것이다. 이러한 에너지 효율성 평가 및 향상 문제는 어쩌면 지금의 지식 정보 기술과 기계 학습의 발달로 해결하기 가장 어려운 영역 중 하나일지 모른다.

데이터 보호를 넘어 유통의 견제와 감사

정보가 막대한 가치를 창출하고 강력한 힘을 발휘하는 지식 정보 사회에서 국가와 시장 간의 갈등보다 더 심각한 문제는 특정 권력끼리 그들의 이익을 위해 공모하는 경우다. 페이스북의 사용자 정보가 케임브리지 애널리티카라는 데이터 브로커를 끼고 미국 대통령 선거에서 특정 후보 측에 제공되고 이용되었다는 의혹이 제기되었다. 그리고 중국 기업인 화웨이Huawei가 중국 정부에 몰래 정보를 제공하고 있다고 미국 정부가 의심을 제기하고, 여러 국가와 테크 기업들의 반화웨이 집합행동으로 이어지면서 화웨이뿐 아니라 상호 의존적인 전 세계 지식 정보 사회에 큰 비용을 초래했다.

두 사례 모두 지식 정보 사회에서 시민사회의 역할이 미약할 때 발생할 수 있는 위험을 여실히 보여 주고 있다. 이런 위험을 막기 위해서는 하루빨리 시민사회의 적극적 역할을 정립할 필요가 있다.

지식 정보 사회에서 현재 시민사회의 역할은 주로 데이터 유통 억제, 즉 정보 주권이나 프라이버시 보호에 초점이 맞추어져 있다. 이에 비해 데이터 경제의 건강한 활성화에는 상대적으로 크게 관여하지 않는다. 물론 시민을 부당하게 감시하거나 상업적 목적으로 개인 정보가 악용되는 가능성을 줄이려는 적극적인 활동은 매우 중요하다.

그러나 이러한 노력에도 불구하고 데이터가 기업들의 플랫폼 서비스로 흘러 들어가 독점적 소유권을 갖게 되고 자본화되는 것을 막기는 힘들다. 반면 정보 프라이버시의 강조가 데이터가 공공재로 축적되는 것을 억제하는 방향으로 이어질 가능성도 고려해야 한다.

때문에 데이터의 사용을 억제하기보다는 제대로 사용되고 있는지 적극적으로 감사하는 것이 데이터 경제가 건강하게 지속되는 데 더 많은 도움을 줄 수 있다.

결국 자본으로서의 데이터 경제의 부작용을 줄이기 위해서, 노동으로서 데이터를 인정받기 위해서, 데이터 경제의 사회적 가치를 높이기 위해서 시민사회가 힘을 쏟아야 할 활동은 데이터 경제에 대한 감사의 강화다.

시민사회가 강화해야 할 감사 활동은 블랙박스 같은 데이터 가공과 기계학습의 결과가 과연 윤리적으로 공정한가 평가하는 것이다. 앞서 언급했듯이 자본으로서 유통되는 데이터는 불투명하다. 금융자본 유통에 감사가 필요하듯이 데이터 유통에도 감사가 필요하다. 더구나 데이터가 가공되어 기계학습을 하는 방식은 인간의 편견을 그대로 학습할 위험이 있기 때문에 더욱 감사가 필요하다.

실제로 최근에 주목받는 기법으로 단어 간의 의미 연관성을 거리 단위로 표현하는 방식인 워드 임베딩Word Embedding이 인종과 성차별적 편견을 학습할 수 있음이 확인되기도 했다. 따라서 기계가 이러한 편견에 근거한 판단을 하지 않도록 끊임없이 견제해야 한다. 최근에는 이러한 견제를 위한 적대적Adversarial 기계학습으로, 텍스트 데이터 작성자의 인종, 성별, 연령 등을 예측하는 알고리즘과 짝을 이뤄 그 알고리즘의 성능을 떨어뜨리는 방식으로 텍스트 데이터를 부분 가공하는 알고리즘을 개발 중이다.

그렇다면 자본으로서가 아닌 노동으로서 데이터가 유통된다면 감사의 필요성은 줄어들까? 데이터를 생산해 낸 개별 노동이 데이터로부터 실현된 최종 가치에 기여한 정도를 평가하기 위해서는 데이터의 가공과 유통은 더욱 투명해질 가능성이 높다.

그러나 데이터 가공 과정이 투명하더라도 개별 노동의 기여분을 측정하는 데 있어서의 투명성까지 해결된 것은 아니다. 개별 데이터가 결합해 가치를 창출하는 과정이 여러 요소와 유기적으로 얽혀 매우 복잡해진다면 데이터 생산 기록으로부터 기여분을 측정하는 과정 자체가 데이터의 가공과 비선형적인 기계학습을 동반할 가능성이 높다.

게다가 이러한 과정이 기업이나 개인의 신용 등급을 매기는 과정, 대학 순위를 매기는 과정 등에 비해 공정할지 아직은 알 수 없다. 이 과정에서 노동 플랫폼을 소유한 자본의 이해가 반영되거나 특정 노동자 집단의 기여를 계속 과소평가한다면 이는 지속 가능한 노동의 플랫폼화가 아닐 것이다. 결과적으로 데이터를 노동으로 환원하는 과정 역시 감사가 필요할 것이다.

더불어 시민사회는 데이터 노동이 자산화되고 자본시장과 연동되어 생길 수 있는 다양한 문제를 감시해야 한다. 데이터 생산을 비롯한 각종 플랫폼 노동이 정당한 가치를 인정받는다 하더라도, 앞서 그려 본 모습처럼 노동의 대가가 디지털상의 자산이나 화폐로 지불되고 금융 상품화된다면 투기성 투자나 거래 대상이 될 위험이 있다. 최근 비트코인 가치의 폭등이나 폭락에서 드러나듯이 디지털 자산 혹은 통화 가격 변동이 매우 심할 수 있으며, 디지털 화폐로 노동의 대가를 지불받은 노동자가 이를 현금화하기 전에 가격이 폭등하거나 폭락하는 사례가 빈번히 발생한다면 이 역시 큰 사회적 문제가 될 수 있다. 따라서 데이터 노동이 정당한 대가로 생산자들에게 환원된다 하더라도 그 가치가 디지털 토큰으로 지급되고 현금화하는 과정에 있어 시민사회의 감사가 반드시 필요하다. 다양한 영역에서의 감사와 감시를 통해 데이터의 올바른 활용과 가치 분배가 구현될 것이다.

불신 문화, 기술로 극복하라

한국처럼 사회 및 경제적 변화의 속도가 빠르고 과정에서 굴곡이 많은 사회에서는 신뢰가 낮은 경우가 많다. 신뢰란 개인이 다른 개인이나 기관에 대해서 자신과 상호작용할 때 해로운 결과를 가져오지 않거나, 반대로 이로운 결과를 가져올 것이라는 기대를 의미한다. 불확실성을 인정하면서도 상대방에게 자신의 이해관계를 맡기겠다는 것이다. 그렇기 때문에 경제적 협력과 질서 유지를 위해서는 사회나 조직에 속한 개인들이 서로 신뢰하고 더불어 자신이 속한 사회나 조직을 신뢰해야 한다.

만약 기술적 혁신이 빠르게 진행되고 그에 따라 사회적·경제적 제도나 조직의 생성과 소멸이 빠르게 이루어지게 되면 신뢰와 관련해서도 새로운 문제가 등장하고 제기된다. 조직 연구자인 칼 와익Karl Weick과 동료들은 이 상황을 '속성 신뢰Swift Trust의 딜레마'라고 부른다. 일반적으로 신뢰는 지속적 상호작용의 반복을 거치면서 형성되는 것이다. 그런데 변화가 극심한 상황에서는 조건이 계속 바뀌어서 상호작용을 지속하는 것이 쉽지 않고, 계속 변화를 거치면서 상호작용 상대방의 조건도 바뀔 수 있다. 그러면 신뢰 형성의 조건이 갖추어지기 어렵지만 신뢰는 매우 필요한 아이러니한 상황이 발생한다. 이것이 속성 신뢰의 딜레마다.

지금처럼 변화의 속도가 빠른 사회나 혁신적이고 변화무쌍한 환경에 속한 조직에서는 구성원들 사이에 속성 신뢰의 딜레마가 큰 문제로 작용한다. 더군다나 한국 사회에 만연한 불신 문화는 이를 더욱 악화시키는 역할을 한다. 깊은 불신은 협동적 노력, 조정과 합의가 필요한 상황에서 시간이나 에너지 등에 높은 비용을 요구한다. 또한 갈등이 발생하기 쉬운 데다 일단 갈등이 일어나면 해결하기 어렵다. 이러한 상황은 결국 사회나 조직의 낭비적 요소를 늘리고 성과에 부정적 영향을 미치는 것으로 귀결된다.

뿐만 아니다. 불신이 만연한 사회는 이른바 '저신뢰의 덫Low Trust Trap'이라고 할 수 있는 악순환의 고리가 작동한다. 즉 불신 탓에 협력하지 않고 협력하지 못해 불신이 지속되는 현상이 반복되는 것이다.

저신뢰의 덫을 벗어나 신뢰의 유익하고 긍정적인 효과를 활용하기 위한 해법 중 하나가 블록체인 기술이다. 블록체인은 신뢰를 부여하는 근거를 거래나 상호작용 당사자들 쌍방 간 암호적 체계에서 찾는다. 그 결과 신뢰 매체가 존재하지 않더라도 미리 서로 합의된 규칙에 따라 신뢰 약속을 맺고, 약속이 반복되면서 일종의 체계를 구성할 수 있게 한다.

신뢰 조건을 상호작용의 당사자들이 합의하여 만들고, 매번 지속하는 약속을 맺고 이행하는 블록체인은 차후 이것을 기반으로 신뢰 매체를 만들 수도 있고 화폐로 발전할 수도 있다. 하지만 지금은 우선 신뢰 체계를 내생적이고 자발적으로 만들 수 있다는 점에서 매력적이고 활용 가능성이 높다. 그 적용 분야도 시장에서의 거래 같은 경제적 측면만이 아니라 정치적으로 선거를 통한 의사결정, 사회적으로 호혜적 도움이나 협력의 플랫폼 형성 등에도 활용 가능할 것이다.

CONNECT POWER

커넥트 파워로 혁신을 주도하라

스마트 팩토리에서 일하는 사람들은 모두 스마트할까? A부터 Z까지 최첨단 정보 통신 기술을 적용한 지능형 생산 공장이 만들어진다고 해도 그 안에서 일하는 모든 사람이 스마트한 인간으로 변하는 것은 아니다. 또 조직 내의 권력과 자본이 스마트해지는 것도 아니다. 같은 기술 환경 속에서도 나이나 성별, 성향, 전문성, 숙련도 등에 따라 수용과 충격의 속도 차가 클 수 있고 이러한 차이는 구성원 사이에 갈등을 유발하기도 한다. 사회도 마찬가지다. 정보 통신이 발달할수록 디지털 기술 혁신은 사회의 다양한 영역에서 아노미를 심화시킬 수도 있다.

디지털 아노미, 공유 가치로 극복하자

기술과 제도의 불일치, 이로 인한 아노미는 사실 오래된 쟁점이다. 제도는 새로운 기술이 출현하기 이전의 사회에서 만들어진 것으로 상대적으로 빠른 수용이 가능한 기술혁신과 달리 더디게 변화한다. 따라서 급격한 기술혁명의 시대는 첨단 기술을 제도가 따라가지 못하는 제도 지체 현상이 종종 나타난다. 예를 들면 공유 경제를 주장하면서도 자동차 공유 사업법은 만들어지지 않고 자율 주행 자동차가 등장해도 그에 따른 보험과 책임 규정은 거대한 반발에 부딪힌다. 4차 산업혁명을 부르짖으면서도 한편으로는 정규직에 기초한 일자리 확장을 선호한다. 기득권을 고수하려는 노조의 관성은 기술혁신의 흐름과 체질적으로 갈등한다. 어디 그뿐일까. 디지털 기술이 가져올 사회 혁신에 대해 선뜻 환영의 목소리를 내지 못하는 사람들의 염려도 기술과 제도, 문화 사이의 비동시성을 반영한다.

이러한 디지털 아노미가 전형적으로 나타나는 영역이 직업과 노동의 공간이다. 기술이 인간 노동을 대체하는 현상을 환영할 것인지, 인간 노동의 배제와 일자리 축소에 대한 경각심을 가져야 할지 헷갈리는 것이 현주소다. 기술에 의한 생산력의 고도화가 인간을 힘든 노동으로부터 해방해 새로운 사회를 가능하게 할 것이라는 기대 속에서 유연 노동, 투잡 생활, 비정규직화를 환영할 것인지, 다수의 사람들이 비정규직, 파트타임 노동에 종사하게 되는 프레카리아트Precariat[18]화 현상을 우려하

18 이탈리아어 '불안정하다(Precario)'와 노동자를 뜻하는 영어 '프롤레타리아트(Proletariat)' 의 합성어로, 불안정한 고용이나 노동 상황에 놓인 비정규직, 파견직, 실업자, 노숙자 모두를 아우른다.

는 대열에 힘을 합쳐야 할지도 혼란스럽다.

그뿐 아니다. 일과 일상의 경계가 무너지는 상황에서 이 둘을 어떻게 바람직하게 조합할 것인지, 인공지능의 역할 확대와 인간 고유의 책임 영역을 어떻게 조율할 것인지도 쉽지 않은 문제다. 어느 한 편의 일방적인 강조를 피해야 하는 것은 분명한데 그 과정에서 불가피하게 혼동과 결정 불가의 애매함을 수용할 수밖에 없다. 변화는 심하고 그 결과의 폭도 넓지만 어느 방향으로 귀결될 것인지는 결코 단정할 수 없기 때문이다. 따라서 영역, 시기, 주체에 따라 그 효과와 결과를 세밀히 검토하고 맞춤형 대비를 찾아가는 일이 중요하다.

한 사회의 총체적 거버넌스를 책임진 정치인이나 단위 조직의 운영을 감당하는 책임자들은 이런 아노미를 넘어서는 새로운 대응 역량을 구축해야 하는 숙제를 안고 있다. 기존 제도와 조직을 신뢰할지 새로운 네트워크에 의존할지, 위계적이고 일사불란한 조직 관리를 강화할지 구성원의 개별적 창의력을 믿어 분산화를 추진할지 주의 깊게 성찰하고 혁신의 방도를 찾아야 한다. 이런 의미에서 디지털 혁명은 단순한 기술혁명이나 산업혁명에 그쳐서는 안 되고 한 사회의 문화 혁신, 가치 혁명으로까지 이어져야 한다.

디지털 아노미를 가져오는 구조적 조건을 직시하면서 기존의 절차, 조직, 관행, 법의 힘을 변화하는 상황에 맞추어 가는 총체적 전환, 의식의 혁신, 아비투스Habitus의 재조정이 이루어져야 한다. 욜로 라이프를 선호하고 개성과 존재감을 중시하는 개인들이 비정규직의 불안정함을 정면으로 맞서면서 새로운 생활 세계를 창출할 수 있도록 제도 혁신을 모색하는 것도 필수적이다. 데이터의 공유와 활용, 관리를 둘러싸고 기술적 논리와 경제적 판단, 법적·문화적 논리가 상충되는 경우를 해소할 문화적 혁신의 노력도 지속되어야 한다. 이런 노력은 결국 조직 혁신과 함께 가치 혁신의 이중 과제로 이어진다.

디지털 혁명이 가져올 결과는 개인과 조직, 국가가 어떤 것을 지향하고 어떤 가치를 우선하는가에 따라 크게 달라질 수 있다. 하지만 분명한 것은 디지털의 거대한 파고를 무시한 채 기존의 방식과 관행에 안주한다면 큰 어려움에 봉착한다는 사실이다.

이 시대는 발전은 물론 살아남기 위해서도 혁신이 필요하다. 특히 조직 차원의 전환과 가치 체계의 변혁을 함께 추구하는 조직-가치의 이중 혁신이 필수적이다.

물질적 가치에서 사회적 가치로

스티븐 호킹은 인공지능의 부상이 인류에게 최고 또는 최악의 상반된 결과를 가져올 수 있다고 경고했다. 즉 인공지능이 빈곤 퇴치와 문제 해결을 위해 쓰일지, 자율 무기와 기계 의존에 쓰일지 확신할 수 없는 상황에서 이를 통제할 길을 찾지 못하면 인류가 공멸할 수 있다는 것이다.

미국의 비영리단체 미래의삶연구소Future of Life Institute는 인공지능이 군사 분야에서 활용되는 것을 막아야 한다는 '안전한 인공지능' 운동을 전개하고 있다. 이 운동의 핵심은 기술을 활용하여 경제적 이익을 얻고 기업 가치를 높이는 것보다 더 중요하게 여겨야 할 것이 기술 진화에 따른 새로운 윤리와 규범을 만들어 내는 일이라는 것이다.

인공지능 및 과학기술의 발달이 인류에게 축복이 될지 재앙이 될지는 결국 인간이 어떠한 가치를 지향하고 책임 윤리를 실천하는가에 달렸다고 해도 과언이 아니다. 가치는 공동체의 특징과 성격을 규정하는 중요한 요소가 되며, 그 사회가 어떤 방향으로 움직이고 어떤 발전을 추구할 것인지를 결정하는 데도 핵심적인 변수로 작용한다. 오랫동안 인류가 추구해 온 가치는 '물질적 가치'라고 할 수 있다. 우리가 지금껏 지향해 온 부국강병, 경제성장, 풍요로운 삶, 더 넓은 주택, 출세와 높은 지위의 획득 등은 모두 물질적인 부와 밀접하게 연결되는 목표다.

물질이 최고의 가치로 여겨지는 사회에서 소득의 높고 낮음으로 직업의 서열이 매겨지고 개인의 성공과 행복은 얼마나 더 많은 부를 가졌는지가 그 판단 기준이 된다. 기업의 성공 역시 이윤 창출의 규모와 동일시된다. 학교는 국가 발전의 이데올로기로, 부국강병의 슬로건으로 물질주의 가치관을 다음 세대에게 가르치고 내면화하는 데 주력한다. 매체와 문화 영역 역시 화려한 소비문화와 그를 뒷받침하는 돈의 위세를 강화하는 데 기여하고 심지어 종교까지도 물질주의, 세속 주의, 성공 주의를 뒷받침하는 역할을 담당한다.

이러한 물질주의 가치를 최고로 여기는 사회에서는 디지털 혁신의 시대에 걸맞은 창의력을 배양하기 어려울 뿐 아니라 아노미가 더욱 심화될 위험이 크다. 신뢰, 헌신, 협동, 배려와 같은 '더불어'를 위한 가치가 뒷전으로 밀려나고, 개인의 성취, 출세, 부를 추구하는 경향이 짙어지면서 과잉 경쟁, 심리적 좌절, 강박적 비교, 협력의 약화라는 사회적 비용이 크게 높아지고 있다.

가치 체계의 동질화를 초래한 기존의 근대화 방식을 성찰하면서 개성적이고 창의적이며 도전정신이 요청되는 시대에 맞도록 새로운 가치 구조의 형성에 관심을 기울여야 한다. 사회적 가치가 강조되는 맥락도 바로 여기에 있다. 사회적 가치는 디지털 아노미와 사회적 아노미를 극복하고 새로운 시대를 감당하기 위해 필요한 신뢰와 배려, 공유와 공동체 가치를 포괄한다. 국가 차원에서는 부국강병, 기업 차원에서는 이윤 극대화, 개인적으로는 출세와 축재를 최고 목표로 설정해 온 지금까지의 가치 체계를 성찰하고 새로운 대안적 목표, 대안적 삶을 모색하려는 문제의식이 담긴 미래지향적 가치이기도 하다.

혁신과도 같은 과학기술의 발달은 인류에게 공존과 공멸이라는 전혀 다른 결과를 예견한다. 그 결과를 기다리며 우리는 막연한 기대나 두려움을 갖기보다 적극적으로 택해야 한다. 우리가 무엇을 선택하느냐에 따라 유토피아가 펼쳐질 수도 디스토피아가 주어질 수도 있기 때문이다.

개인은 물론 사회와 국가적 차원에서 올바른 가치를 지향하는 것은 발전을 이끌기 위함이기도 하지만 결국 생존을 위한 유일한 방안이기도 하다. 기업도 마찬가지다. 더 많은 이윤을 추구하려는 욕망을 품기 이전에 과연 살아남을 수 있을까를 고민하는 생존의 문제가 절박하다. 그리고 이를 풀 수 있는 유일한 열쇠는 공존을 위한 사회적 가치의 추구다.

기업이 사회적 가치를 추구하기 위해서는 막연하고 추상적인 접근이 아닌 측정과 모니터링이 가능한 구체적인 접근이 필요하다. 재무적 가치와 달리 사회적 가치는 눈에 보이지 않는다. 만약 이를 눈에 보이게 하고 측정할 수 있게 한다면 소비자들은 가치 중심적 사고와 소비를 할 가능성이 높다. 제아무리 과학기술이 발달하고 편리하고 효율적인 세상이 펼쳐져도, 결국 그 중심엔 인간이 있고 인간은 공존하며 더불어 살아가야 한다는 것을 알기에 사회적 가치를 추구하는 기업의 손을 들어줄 것이다.

성공으로 향하는 혁신적인 힘

새로운 미래가 도래하고 있다. 4차 산업혁명이라 불리는 심대한 변화에 지혜롭게 대처하지 않으면 개인도, 기업도, 국가도 지속 가능한 발전을 기대하기 어렵다. 디지털 기술혁신으로 개인이나 단일 조직이 활용할 수 있는 자원은 엄청나게 늘었지만 모든 주체가 이 환경을 발전의 기회로 이용하는 건 아니다. 일부는 놀라운 혁신과 성공의 주역이 되지만 이 흐름에 적응하지 못한 주체는 전례 없던 위기와 불안을 느끼게 될 것이다. 영국의 역사가, 문명 비평가인 토인비_{Arnold J. Toynbee}의 말을 빌리자면 초연결 사회의 시작은 모두에게 피할 수 없는 문명적 도전이다. 이 도전에 어떻게 대응하는지에 따라 개인과 조직, 국가의 미래가 좌우될 것이다. 커넥트 파워는 이 새로운 도전에 필요한 핵심 요소다.

커넥트 파워란 무엇일까? 디지털 기술 환경에 적응하는 유연한 변화와 사회적 가치를 구현하는 역량을 결합함으로써 얻어지는 혁신적 시너지를 뜻한다. 커넥트 파워를 이루는 첫 번째 요소는 열린 네트워크와 빅데이터, 인공지능을 활용하고 다양한 플랫폼 비즈니스를 구상할 수 있는 능력이다. 두 번째 요소는 공유가치, 협력적 소통, 공감 능력을 중시하는 가치와 행동의 혁신이다. 전 지구적으로 확장된 초연결망과 민주화된 창업 환경을 최대한 활용하면서 공유와 협력의 가치를 새롭게 창출해 내는 역량이 곧 커넥트 파워다. 21세기를 살아갈 모든 이들에게 요구되는 시대적 화두이기도 하다.

새로운 비즈니스를 꿈꾸는 사람이라면 나날이 달라지는 초연결 사회에서 그 잠재적 힘에 눈을 떠야 한다. 자신이 몸담고 있는 조직을 보다 강력하고 영향력 있게 만들려는 경영자나 관리자들은 기술혁신과 더불어 사회적 가치의 중요성에 주목함으로써 커넥트 파워를 강화하는 데 노력해야 한다. 정부를 비롯한 공공 기관은 창의적 아이디어와 혁신적 네트워크가 시민사회와 기업 활동에 폭넓게 확산되도록 유연한 거버넌스 구축에 주력할 필요가 있다. 시민사회의 다양한 주체들이 기술의 독점화로 인해 그 자율성이 약화되지 않기 위해 또 개성적인 삶을 꿈꾸는 젊은이들이 고질적인 서열 구조나 학벌 논리의 올무에서 벗어나기 위해서도 커넥트 파워는 필수적이다. 디지털 환경이 단지 편리한 기술을 제공하는 수단에 그치지 않고 각자도생의 답답한 현실을 바꾸는 가치 혁신의 인프라가 될 수 있다는 사실에 주목해야 한다. 21세기에는 커넥트 파워로 무장한 주체가 성공의 스토리를 쓰게 될 것이고 그런 역량이 자라나는 곳에서 혁신적 발전이 가능해질 것이다.

참고문헌

로버트 퍼트넘, 《사회적 자본과 민주주의》, 안청시 외 옮김, 박영사, 2006.

마누엘 카스텔, 《네트워크 사회의 도래》, 박행웅 옮김, 한울아카데미, 2008.

마누엘 카스텔, 《정체성 권력》, 정병순 옮김, 한울아카데미, 2008.

마누엘 카스텔, 《밀레니엄의 종언》, 박행웅·이종삼 옮김, 한울아카데미, 2003.

말콤 글래드웰, 《티핑 포인트》, 임옥희 옮김, 이끌리오, 2000.

박명규·이재열, 《사회적 가치와 사회혁신》, 한울아카데미, 2018.

이민화 외, 《제4차 산업혁명 선도국가》, 한반도 선진화재단, 2017.

이재열, 〈이태리 에밀리아형 생산 방식의 사회적 기원〉, 《한국사회학평론》 4집, 1998.

이정동 외, 《축적의 시간》, 지식노마드 2015.

이항우, 《정동 자본주의와 자유노동의 보상》, 한울아카데미, 2017.

전명산, 《블록체인 거버먼트》, 알마, 2017.

제리 카플란, 《인간은 필요 없다》, 신동숙 옮김, 한스미디어, 2016.

제임스 퍼거슨, 《분배정치의 시대》, 조문영 옮김, 여문책, 2017.

토마 피케티, 《21세기 자본》, 장경덕 옮김, 글항아리, 2014.

A. L 바라바시, 《링크(21세기를 지배하는 네트워크 과학)》, 강병남·김기훈 옮김, 동아시아, 2002.

Anderson, Chris., 《The long tail: Why the Future of Business Is Selling Less of More》, Random House, 2007.

Bauman, Zygmunt., 《Liquid modernity》, John Wiley & Sons, 2000.

Black, John., "The technical progress function and the production function", *Economica*, 166-170, 1962.

Boulding, Kenneth E., 《The organizational revolution: A study in the ethics of economic organization》, Harper, 1953.

Browder, Aldrich, and Bradely, 《Entrepreneurship Research, Makers, and the Maker Movement》, Working paper, 2017.

Carr, Nicholas., 《The big switch: Rewiring the World, from Edison to Google》, W.W. Norton&Company, 2009.

Caliskan-Islam A, Bryson J, Narayanan A., "Semantics derived automatically from language corpora necessarily contain human biases", *arxiv*, 2016.

Chandler, Alfred D., 《Strategy and Structure: Chapters in the History of the Industrial Enterprise》, MIT press, 1970.

Chandler, Alfred D., 《Scale and scope: The dynamics of industrial capitalism》, Harvard University Press, 1990.

Coase, Ronald H., "The nature of the firm", *Economica*, 4(16), 386-405, 1937.

Coleman, James S., "Social inventions", *social Forces*, 49(2), 163-173, 1970.

Coleman, James S., 《The asymmetric society》, Syracuse University Press, 1982.

Davidson et al., "Blockchains and the economic institutions of capitalism, Journal of Institutional Economics", *Journal of Institutional Economics*, Volume 14, 639-658, 2018.

Elazar, Yanai, and Yoav Goldberg. "Adversarial Removal of Demographic Attributes from Text Data", *arxiv*, 2018.

Gladwell, Malcolm, 《David and Goliath: Underdogs, misfits, and the art of battling giants》 Little, Brown, 2013.

Greenstone Miller, Joy & Mat Miller., "The Rise of the Supertemp", *Harvard Business Review*, 50, 2018.

Chesbrough Henry., 《Open Innovation: The New Imperative for Creating and Profiting from》, Harvard Business Press, 2006.

Iansiti, Marco & Karim R. Lakhani., "The Truth about Blockchain," *Harvard Business Review*, January-February Issue, 2017.

Iansiti, Marco & Levien Roy., 《The keystone advantage: what the new dynamics of business ecosystems mean for strategy, innovation, and sustainability》, Harvard Business Press, 2004.

Ibarra, I., D. Hernández, L. Goff, J. Lanier, & E. Glen Weyl., "Should We Treat Data as Labor?: Moving Beyond 'Free'", *American Economic Association Papers and Proceedings*, 1(1), 2018.

Jody Hoffer Gittell, 《Transforming Relationships for High Performance: The Power of Relational Coordination》, Stanford University Press, 2016.

Kojin, Karatani., 《The Structure of World History: From Modes of Production to Modes of Exchange》, Duke University Press, 2014.

Kunda, Gideon & Stephen R. Barley., 《Gurus, Hired Guns, and Warm Bodies: Itinerant Experts in a Knowledge Economy》, Princeton University Press, 2014.

Lessig Lawrence., 《Remix : Making Art and Commerce Thrive in the Hybrid Economy》, Penguin Press, 2008.

Meyerson, D., Weick, K. E., & Kramer, R. M., "Swift trust and temporary groups", *Trust in organizations: Frontiers of theory and research*, 166, 195, 1996.

Milgrom, Paul R., & John D. Roberts, 《Economics, organization and management》, Person, 1992.

Milanovic, Branko., 《The Haves and the Have-Nots: A brief and idiosyncratic history of global inequality》, Basic Books, 2010.

Moore, James F., "Predators and prey: a new ecology of competition". *Harvard business review*, 71(3), 75-86, 1993.

Olson, Mancur., 《The Logic of Collective Action》, Harvard University Press, 1971.

O'Neil, Cathy., 《Weapons of Math Destruction: How Big Data Increases Inequality and Threatens Democracy》, Random House, 2016.

Perrow, Charles., "A society of organizations", *Theory and society*, 20(6), 725-762, 1991.

Podolny, Joel M., & Karen Page., "Network forms of organization", *Annual review of sociology*, 24(1), 57-76, 1998.

Powell, W. W., Koput, K. W., & Smith-Doerr, L., "Interorganizational collaboration and the locus of innovation: Networks of learning in biotechnology", *Administrative science quarterly*. 116-145, 1996.

Rachel Botsman & Roo Rogers, 《What's mine is yours: how collaborative consumption is changing the way we live》, London Collins, 2011.

Robertson, B. J., 《Holacracy: The new management system for a rapidly changing world》, Henry Holt and Company, 2015.

Rothstein, Bo., 《Social traps and the problem of trust》, Cambridge University Press, 2005.

Russell Belk., "You are what you can access: Sharing and collaborative consumption online.", *Journal of business research 67*, 1595-1600, 2014.

Scott, W. Richard., 《Organizations and organizing: Rational, natural and open systems perspectives》, Routledge, 2015.

Shapiro, Carl & Hal R. Varian, 《Information rules: a strategic guide to the network economy》, Harvard Business Press, 1998.

Shirky, C., 《Cognitive surplus: How technology makes consumers into collaborators》

Penguin books, 2010.

Shirky, Clay., 《Here comes everybody: The power of organizing without organizations》, Penguin books, 2008.

Swedberg, Richard., "Market as Social Structure" in: Neil J. Smelser and Richard Handbook of Economic Sociology, Princeton University Press, 1994.

Williamson, O.E., "The economics of organization: The transaction cost approach", *American journal of sociology*, 87(3), pp.548-577, 1981.

Vasilis Kostakis & Michel Bauwens, 《Network Society and Future Scenarios for a Collaborative Ecnomy》, Palgrave, Macmillan, 2014.

Von Hippel, E., 《Democratizing innovation》, MIT press, 2005.

Benkler Yochai, 《The Challenges of the Shared Economy》, World Economic Forum, 2015.

Zuboff, S., 《The age of surveillance capitalism: the fight for the future at the new frontier of power》, Profile Books, 2019.

Zuckerman, E. W.,"The categorical imperative: Securities analysts and the illegitimacy discount", *American journal of sociology*, 104(5), 1398-1438, 1999.

커넥트 파워

2019년 11월 20일 초판 1쇄

지은이 · 박명규, 이재열, 한준, 이원재, 강정한, 임이숙
펴낸이 · 박영미 | 경영고문 · 박시형

책임편집 · 김다인 | 디자인 · 최우영
마케팅 · 양봉호, 양근모, 권금숙, 임지윤, 최의범, 조히라, 유미정
경영지원 · 김현우, 문경국 | 해외기획 · 우정민, 배혜림 | 디지털 콘텐츠 · 김명래

펴낸곳 · 포르체 | 출판신고 · 2006년 9월 25일 제406-2006-000210호
주소 · 서울시 마포구 월드컵북로 396 누리꿈스퀘어 비즈니스타워 18층
전화 · 02-6712-9800 | 팩스 · 02-6712-9810 | 이메일 · togo@smpk.kr

ⓒ 박명규, 이재열, 한준, 이원재, 강정한, 임이숙
(저작권자와 맺은 특약에 따라 검인을 생략합니다)
ISBN 978-89-6570-911-4 (03320)

• 이 책의 국립중앙도서관 출판시도서목록은 서지정보유통지원시스템 홈페이지(http://seoji.nl.go.kr)
  와 국가자료공동목록시스템(http://www.nl.go.kr/kolisnet)에서 이용하실 수 있습니다.
  (CIP제어번호: CIP2019043098)

여러분의 원고를 소중히 여기는 포르체(porche)는 그동안 볼 수 없었던 새로운 콘셉트의 참신한 원고
를 기다리고 있습니다. 망설이지 말고 연락 주세요. 이메일 · togo@smpk.kr